Dresden und seine Kirchen

Die Deutsche Bibliothek – Bibliographische Informationen
Die Deutsche Bibliothek verzeichnet diese Publikation in der Deutschen Nationalbibliographie; detaillierte bibliographische Daten sind im Internet über <http://dnb.ddb.de> abrufbar.

Printed in Czech Republic · H 6969

Gesamtgestaltung: behnelux gestaltung, Halle/Saale
Coverbild: © Punctum Fotografie/Bernd Blume
Druck und Binden: Arnold & Domnick, Leipzig

ISBN 3-374-02261-8
www.eva-leipzig.de

Jürgen Helfricht

DRESDEN
und seine
KIRCHEN

EVANGELISCHE
VERLAGSANSTALT
Leipzig

1 *Der Hl. Benno von Meißen. Durch sein missionarisches Wirken wird dieser Bischof auch als der »Apostel der Wenden« bezeichnet.*

1000 Jahre Kirchen im Dresdner Elbtal

Mehr als 1000 Jahre gibt es Kirchen im Dresdner Elbtal. Christliche Wurzeln lassen sich sogar noch weiter zurückverfolgen. Das heutige Territorium Sachsens hatten die erstmals 623 als Sorben erwähnten Slawenstämme relativ dünn besiedelt. Dann unterwarf im Jahr 929 König Heinrich I. (876–936) mit einem Ritterheer das Sorbenland an der mittleren Elbe und ließ als Militär- und Verwaltungszentrum die Burg Meißen errichten. Sein Sohn, Kaiser Otto I. (936–973), gründete zur Missionierung 968 das Erzbistum Magdeburg mit den Bistümern Merseburg, Zeitz (später Naumburg) und Meißen. Vor allem die meißnischen Bischöfe Eido (992–1015) und Benno (1066–1106) machten sich als Missionare einen Namen. Bis heute verehren die katholischen Christen im Bistum Dresden-Meißen den 1523 heilig gesprochenen Benno als ihren Patron.

Wohl um das Jahr 1000 herum entstand nahe dem Hafen »Nisani« im linkselbischen Fischerdorf (heutige Dresdner Altstadt) die erste hölzerne Missionskirche – die Liebfrauenkirche »St. Marien«, einer der Vorgängerbauten der Dresdner Frauenkirche von 1743. Sie war Sitz des Erzpriesters und Mittelpunkt des Archidiakonats Nisan des Bistums Meißen. Bis 1539 blieb sie Pfarrkirche für Dresden sowie für 22 ganze und zwei halbe Dörfer.

Wichtig für die Region wurden ab dem 11. Jahrhundert die Wettiner, denen Kaiser Heinrich IV. (1050–1106) am 1. Februar 1089 die Meißner Markgrafenwürde verliehen und sie mit der Markgrafschaft Meißen belehnt hatte. 829 Jahre – bis 1918 – regierte diese Dynastie im meißnisch-sächsisch-thüringischen Lande. Unter den Markgrafen von Meißen, die Kolonisten ins Land riefen und einen Herrschaftssitz in Dresden gründeten (seit 1485 ständige Residenz), erblühte der Fernhandel. Ebenso erstarkte im Elbtalkessel am Kreuzungspunkt der beiden Handelsstraßen von Halle/Saale nach Böhmen sowie von Nürnberg nach Krakau die Siedlung Drezdany (bedeutet Waldbewohner). Dresden ist 1206 erstmals und 1216 als Stadt urkundlich erwähnt. Vermutlich 100 Jahre früher baute man zu der außerhalb der Stadtmauer liegenden »St. Marien« eine Nikolaikirche, die nach baulichen Veränderungen schon 1200 als romanische Basilika die Stadt überragt haben mag. Wegen einer Kreuzesreliquie wurde sie später in Kreuzkirche umbenannt.

Als drittes Gotteshaus ist die 1272 erstmals erwähnte Kirche des Franziskanerklosters bekannt – die spätere Sophienkirche. Die vierte Kirche in vorreformatorischer Zeit, die früheste Dreikönigskirche, stand im rechtselbischen Altendresden (Stadtrecht seit 1403, heutige Neustadt). Auf dieser Elbseite existierte auch die Klosterkirche der Augustiner-Eremiten.

Daneben gab es folgende Kapellen: die Alexiuskapelle auf der Elbbrücke, die 1563 abgebrochene Maternikapelle des Maternihospitals (neben der Frauenkirche), die St. Marienkapelle am Queckborn (Abruch 1539), die Kapelle des vom 13. Jahrhundert bis 1838 arbeitenden

2 *Reformator Martin Luther. Sandsteinrelief im Altarraum der Kreuzkirche.*

Bartholomäushospitals (nahe dem Freiberger Platz), die Jakobikapelle des im 15. Jahrhundert gestifteten Jakobihospitals (vor dem Wilsdruffer Tor), die Schlosskapelle mit dem prachtvollen Renaissanceportal, die Rathauskapelle sowie zwei Kapellen vor der Stadt.

Leider blieb das mittelalterliche Dresden, das um 1500 lediglich 4.000 Einwohner zählte, von Judenverfolgungen und Hexenwahn nicht verschont.

Die mit dem Thesenanschlag von Martin Luther (1483–1546) am 31. Oktober 1517 eingeleitete Reformation fasste auch in Dresden Fuß. Der Reformator selbst weilte 1516 und 1518 in der Stadt. Nachdem Herzog Heinrich der Fromme (1473–1541) am 25. Mai 1539 die Reformation im albertinischen Sachsen eingeführt hatte, feierte man am 6. Juli in der Kreuzkirche den ersten evangelischen Gottesdienst in Dresden. Die Kreuzkirche bekam den Status einer Hauptkirche, ihr erster Pfarrer wurde Superintendent.

Als ein Zentrum deutschen Luthertums beherbergte Dresden ab 1547 zwölfmal den »Praeceptor Gemaniae« Philipp Melanchthon (1497–1560). Es ist bemerkenswert, dass Sachsens Herzog Moritz (1521–1553) und seine Nachfolger als die mächtigsten evangelischen Reichsfürsten Einfluss erlangten; seit 1648 führte Kursachsen im Reichstag das »Corpus Evangelicorum« – die protestantischen Reichsstände – an. Somit war der Dresdner Hofprediger bzw. Oberhofprediger führender evangelischer Geistlicher im Heiligen Römischen Reich Deutscher Nation.

1606 wurde Dresden ständiger Sitz des Oberkonsistoriums, seit 1607 zusammen mit dem Kirchenrat – der obersten Kirchenbehörde Sachsens.

Mit Dresdens Geschichte sind auch in der theologischen Welt berühmte Namen verknüpft: Seit 1686 war hier der »Vater des Pietismus« Philipp Jakob Spener (1635–1705) Oberhofprediger. 1709 ernannte man den Gelehrten D. Valentin Ernst Löscher (1674–1749) zum Kreuzkirch-Superintendenten. Und der Begründer der Herrnhuter Brüdergemeine Nikolaus Ludwig Graf von Zinzendorf (1700–1760) wurde in Dresden geboren.

Die wachsende Einwohnerzahl (15.000 im Jahre 1600; 21.000 im Jahre 1700) führte 1536 zum Bau der Jakobikirche am Jakobihospital (Abriss Mitte 19. Jahrhundert), 1575 vor dem Pirnaischen Tor zum Bau der Johanniskapelle (ab 1650 Pfarrkirche böhmischer Exulanten) sowie 1578 zur Errichtung der ersten Annenkirche vor dem Wilsdruffer Tor.

Um Polens Königskrone zu erwerben, konvertierte Kurfürst Friedrich August I., der Starke (1670–1733), am 2. Juni 1697 zum Katholizismus. Die Wettiner sind seitdem wieder katholisch. August der Starke musste mehrfach zusichern, dass die Bevölkerung evangelisch bleiben kann. Erst Augusts Sohn, Friedrich August II. (1696–1763), ließ für die rund 5.000 Katholiken Dresdens 1739 bis 1755 die Katholische Hofkirche bauen. Weiterhin entstanden im 18. Jahrhundert in der Parochie Friedrichstadt bis 1730 die Matthäuskirche, in der Wilsdruffer Vorstadt 1738 die Ehrlichsche Gestiftskirche, 1766 die erste Kirche der evangelisch-reformierten Gemeinde an der Kreuzgasse (ab 1894 Ringstraße) und 1795 vor dem Pirnaischen Tor anstelle der 1784 abgerissenen Kapelle die Johanniskirche (1861 ein Opfer der Stadterweiterung).

Die Nachwehen der Französischen Revolution bewirkten im 19. Jahrhundert auch in Sachsen Veränderungen im Verhältnis von Staat und Kirche. 1807 wurden Katholiken den Evangelisch-Lutherischen gleichgestellt und gründeten Pfarreien (1823 Friedrichstadt, 1826 Dresden-Neustadt). Auch Juden durften sich zu einer Religionsgemeinde vereinen und bauten 1840 in Elbnähe am Hasenberg ihre Synagoge. 1871 erhielt auch die Methodistenkirche ihre staatliche Zulassung. Ab 1868 vollzog sich die Trennung der Kirchen- und Staatsverwaltung.

Mit Dresdens rasant steigender Einwohnerzahl (1835 rund 109.000; 1939 rund 630.000) kam es ab 1892 zu zahlreichen Eingemeindungen umliegender Dörfer, von denen jedoch nur Briesnitz, Wilschdorf, Kaditz, Leubnitz, Plauen, Klotzsche, Leuben, Hosterwitz, Lockwitz, Pillnitz und Loschwitz über eigene Kirchen verfügten.

Dresdens Superintendent wurde durch Abtrennung von sechs Parochien (1837 nach Dippoldiswalde) sowie Bildung der Ephorien Radeberg (1822), Dresden I und Dresden II (1855) entlastet. Ab 1878 folgten Parochialteilungen bzw. Zusammenschlüsse, es bildeten sich aber auch völlig neue Parochien.

Mit den Parochialteilungen ging ein Bauboom evangelischer Kirchen einher. Zwischen 1778 und 1914 entstanden etwas über 20 meist baulich imposante evangelisch-lutherische und vier katholische Kirchen, daneben eine reformierte Kirche und zwei der Evangelischen Gemeinschaft. In der Garnisonkirche waren erstmals eine evangelisch-lutherische und eine katholische Kirche getrennt unter einem Dach vereint. Vier Kirchen wurden zwischen 1869 und 1884 nahe dem Hauptbahnhof speziell für Ausländer gebaut. Seit 1894 erschienen Kirchenkalender, seit 1912 Gemeindeblätter. Ab 1927 entstanden noch fünf wesentlich schlichtere evangelische Gotteshäuser, außerdem eine Evangelisch-methodistische und drei katholische Kirchen.

Das Ende der Monarchie im Jahre 1918 brachte auch das Ende des Staatskirchentums. Statt des Oberhofpredigers wurde ab 1922 der evangelische Landesbischof leitender protestantischer Geistlicher Sachsens.

Während der verbrecherischen Nazi-Diktatur, die mit der Vernichtung der Synagoge, der Ermordung Dresdner Juden, Amtsenthebungen oder der Schließung katholischer Schulen einherging, war Dresden

3 Luftaufnahme der Dresdner Altstadt vor 1945.

ein Zentrum des Kirchenkampfes. Vor allem die Bekennende Kirche versuchte, den Widerstand zu organisieren.
Als das barocke Elbflorenz am 13./14. Februar 1945 im Inferno englischer und amerikanischer Bomber unterging, über 35.000 Menschen starben, wurden auch 27 Kirchen zerstört oder schwer getroffen.
Die Jahrzehnte offizieller atheistischer Ideologie zwischen 1945 und 1989 ließen manche Gotteshäuser verschwinden. Doch den Glauben brachten diese Jahrzehnte nicht zum Erliegen. Gemeinden schlossen sich zusammen, bauten neue Kirchen. So schufen Christen in Seidnitz 1951 aus einer Scheune ihre Nazarethkirche. In Tolkewitz entstand mit der Bethlehemkirche im gleichen Jahr der erste DDR-Kirchenneubau. Fünf evangelische und katholische Kirchen folgten in den Jahren 1958 bis 1982. Noch 1992 wurde eine weitere evangelische Kirche in Gorbitz geweiht.
Als Orte, an denen zu DDR-Zeiten frei gedacht werden durfte, spielten die Kirchen der Stadt in der Bürgerbewegung eine herausragende

4 *Dresdner Altmarkt mit Frauenkirche vor 1945.*

Rolle. Viele Impulse für die friedliche Wende des Herbstes 1989 gingen von hier aus.
Seit 1994 fesselt die Auferstehung eines barocken Gotteshauses die zur Zeit 480.000 Dresdner und die weltweiten Freunde der Hauptstadt des Freistaates Sachsen an der Elbe: der archäologisch getreue Wiederaufbau der einzigartigen Frauenkirche.
Schon 800 Jahre lang ist die Dresdner Kreuzkirche Heimstatt des Kreuzchores – einer der ältesten Knabenchöre der Welt – und Elbflorenz ein Zentrum der Kirchenmusik.
1955 bestimmte der damalige evangelische Landesbischof von Sachsen (heute rund 900.000 Protestanten) die Kreuzkirche zur offiziellen Predigtkirche. Dresden ist Sitz des Landesbischofs, des Landeskirchenamtes und der hier tagenden sächsischen Landessynode. 1980 wurde die Katholische Hofkirche zur Kathedrale und Dresden zum Sitz des katholischen Bischofs im 1921 wieder errichteten Bistum Dresden-Meißen (heute rund 180.000 Katholiken).

5 *Die Frauenkirche im alten Dresden.*

6

Ev.-Luth. Frauenkirche

Kirche: Neumarkt
Ev.-Luth. Frauenkirch-Pfarrbüro: An der Frauenkirche 12/Coselpalais, 01067 Dresden

Seit Juni 2004 dominiert die Sandstein-Kuppel der Frauenkirche wieder die Silhouette der Stadt, strahlt ihr vergoldetes Kreuz über Elbflorenz. Dresden hat sein Wahrzeichen und die wohl prachtvollste Kathedrale der evangelischen Christenheit zurück. Für viele ist diese faszinierende Auferstehung aus Sandstein auch ein Stück erfüllte Sehnsucht nach dem alten Dresden.

Die Vorgängerbauten

Als Baumeister George Bähr (1666–1738) am 26. August 1726 auf uraltem heiligen Ort den Grundstein für diesen »St. Peter der wahren evangelischen Religion« legte, stand der Vorgängerbau noch. Am 9. Februar 1727 fand in ihm der letzte Gottesdienst statt. Dann musste die alte Frauenkirche der sich von Osten ständig vergrößernden Baugrube weichen.

6 *Die weltberühmte Frauenkirche bei Nacht.*

7 *Dieser spätgotische Vorgängerbau existierte bis 1727.*

7

Bei der spätgotischen Frauenkirche handelte es sich um eine ungewölbte Hallenkirche (25,50 Meter breit, 23 Meter lang), deren Mittelschiff durch drei Arkadenbögen von den Seitenschiffen getrennt war. Den Chor betrat man durch ein spitzbogiges Portal. In der Mitte der Südseite führte ein Spitzbogenportal vom Friedhof in die Kirche. Außerdem waren ein Nord- und ein Westportal vorhanden. Wahrscheinlich wurde die gotische Kirche »Unser Lieben Frauen« ab 1380 (Kirchweihe wohl 1388) bei laufendem Gottesdienst glockenförmig um die alte romanische Kirche errichtet.

Im Jahre 1289 taucht die Bezeichnung Frauenkirche erstmals in einer Urkunde auf, die dem Klarissenkloster Seußlitz das Patronatsrecht bestätigt. Erstes urkundliches Indiz für die Frauenkirche ist jedoch bereits eine Urkunde des Markgrafen Heinrich des Erlauchten (1215–1288) von 1240, in welcher der Pfarrer der Parochie Dresden als Zeuge genannt ist. Der Bau der romanischen Basilika »St. Marien« (21 Meter Breite mit 1,04 Meter dicken Mauern aus Plänerplatten) dürfte allerdings schon nach 1150 erfolgt sein. Und vor dieser steinernen Kirche soll an gleicher Stelle eine älteste Frauenkirche aus Holz als Missionskirche für christianisierte Slawen existiert haben. Diese könnte bereits um 1000 nahe dem 1004 erstmals erwähnten Hafen »Nisani« errichtet worden sein.

Baumeister George Bährs »Steinerne Glocke«

Mit der imposanten Sandsteinkuppel, die die Dresdner Frauenkirche zur reichsweit bedeutendsten städtischen Pfarrkirche des 18. Jahrhunderts machte, ist ein Name verknüpft: Zimmermeister George Bähr aus

8

Fürstenwalde im Osterzgebirge. Der Sachse hatte die Vision von der Kuppel aus Stein mit dem kühnen Schwung. Bähr, der erstmals 1693 als Zimmermanns-Geselle in Dresden nachweisbar ist, wurde 1705 zum Ratszimmermeister berufen und führte seit 1726 den Titel Architekt. Von 1705 bis 1708 beteiligte er sich am Bau der Kirche im Elbdorf Loschwitz, 1710 an der Dresdner Waisenhauskirche. Es folgten weitere Gotteshäuser in Sachsen, Bürgerhäuser in Dresden und im Elbweindorf Diesbar-Seußlitz sogar ein dreiflügliges Schloss mit Kirche.

Im Jahre 1722 summierten sich die Schäden an der teilweise einsturzgefährdeten alten Frauenkirche so dramatisch, dass der Dresdner Rat das Thema behandelte. Ratszimmermeister Bähr sprach sich für einen Neubau aus und wurde bei den späteren Planungen auch vom königlichen Gouverneur Christoph August Graf von Wackerbarth (1662–1734) unterstützt. Nach Bährs ersten Entwürfen, die Kosten des Baus veranschlagte er bei der Grundsteinlegung mit 82.555 Talern, sollte eine Kirche in quadratischer Form entstehen, mit Mauern und Glockentürmen aus Sandstein, großen Rundbogenfenstern und einer hoch gestreckten Holz-Kuppel. Vieles deutet darauf hin, dass Bähr von Anbeginn eine steinerne Kuppel plante, jedoch mit dem Veto des Rates gegen dieses kühne Vorhaben rechnete. Auf jeden Fall ließ er Umfassungsmauern und Pfeiler viel stärker als genehmigt bauen. Erst Mitte 1733 gab es den offiziellen Beschluss für die Kuppel aus Stein. Bähr erlebte die Weihe seines »Traumes« nicht mehr. Nach 17 Jahren Bauzeit und 288.510 Talern Baukosten wurde die Frauenkirche 1743 – fünf Jahre nach dem Tod des Baumeisters – mit Kuppel, steinerner Laterne und vergoldetem Kreuz vollendet.

9
10

8 Das erste Projekt George Bährs vor 1724/25.

9 Bernardo Bellotto schuf dieses Gemälde zwischen 1749 und 1751.

10 Das Innere der Frauenkirche vor 1945.

Bei der Beschießung Dresdens durch die Preußen 1760 prallten mehr als 100 auf die Kirche geschleuderte Bomben machtlos von der Kuppel ab und konnten die letzten Zweifler von ihrer Festigkeit überzeugen. Das Einzigartige am Bauwerk George Bährs blieb nicht die 12.000 Tonnen schwere, komplett steinerne Kuppel als Himmelssymbol – ähnliche finden sich auch in Florenz, London, Paris, Rom oder Venedig. Faszinierend ist die konkave, an eine Glocke erinnernde Form. Sie blieb weltweit ein Unikat und brachte der genialen Schöpfung den Namen »Steinerne Glocke« ein.

Das Ende im Inferno 1945

Die Frauenkirche war für die Ewigkeit gebaut – aber sie stand nur 202 Jahre. Es war die Nacht zwischen Karneval und Aschermittwoch, genau 22.13 Uhr am 13. Februar 1945, als über das unvorbereitete

11

Dresden die Hölle des Krieges hereinbrach. 3.500 Tonnen Bomben englischer und amerikanischer Flieger verursachten in mehreren Angriffswellen einen unvorstellbaren Feuerorkan, töteten mindestens 35.000 Menschen und zerstörten 15 Quadratkilometer der barocken Perle Europas. »Wer das Weinen verlernt hat, der erlernt es wieder beim Untergang Dresdens«, klagte Literaturnobelpreisträger Gerhart Hauptmann (1862–1946), der das Inferno von den Oberloschwitzer Elbhängen aus beobachtete.

Fast eineinhalb Tage lang stemmte sich die Frauenkirche gegen die Vernichtung. Alle Bomben konnten scheinbar der doppelwandigen Steinkuppel nichts anhaben. Wie ein Funken Hoffnung im tosenden Vulkan reckte sich George Bährs Bauwerk, das bis zu 6.000 Menschen fasste, über rauchenden Ruinen. Doch dann, am Vormittag des 15. Februar gegen 10.15 Uhr, knisterte es erst leise: Langsam sank die Kuppel in sich zusammen, bis mit einem lauten Knall die Außenwände barsten und alle Pracht in einer Staubwolke verschwand. Die Lohewellen hatten die leider nicht mehr rechtzeitig zugemauerten Fenster links und rechts des Portals C zum Platzen gebracht. Das Feuer war über das Eichengestühl, Orgel und Emporen durch die Kirche gerast, hatte mit bis zu 2000 Grad den Sandstein von innen mürbe gemacht.

12
13

11 *Das Inferno von Dresden am 14. Februar 1945 von Kunstmaler Otto Griebel gemalt.*

12 *Luther-Denkmal vor dem Trümmerberg der Frauenkirche.*

13 *Feierlicher Start des Wiederaufbaus am 27. Mai 1994.*

Die Ruine und der »Ruf aus Dresden«

Fast fünf Jahrzehnte lang lag die Frauenkirche in Trümmern; aus dem zwölf Meter hohen, von Rosen umrankten Schuttberg ragten nur die zwei 30 bis 35 Meter hohen Mauerstümpfe der Frauenkirche gen Himmel. Nur der Abend des 13. Februar mit dem traditionellen Läuten aller Dresdner Kirchenglocken zur Zeit der ersten Angriffswelle wurde ab 1982 zu einem Ritual, in dessen Zentrum die Frauenkirche stand. Im Gedenken an getötete Familienangehörige entzündeten Dresdner vor den Trümmern Kerzen, versammelten sich zu schweigenden Prozessionen. Man hatte sich fast mit dem 23.000 Kubikmeter umfassenden Steinhaufen als Mahnmal gegen Krieg und Zerstörung im Herzen der Stadt abgefunden. Da erscholl, von prominenten Dresdnern organisiert, am 13. Februar 1990 ein »Ruf aus Dresden«. Eine vom Trompetenvirtuosen Prof. Ludwig Güttler mit 60.000 Mark Startkapital ausgestattete »Bürgerinitiative für den Wiederaufbau der Frauenkirche« warb weltweit für den originalgetreuen Wiederaufbau des barocken Gotteshauses.

14 15
16

14 Die im Sommer 2004 äußerlich vollendete Frauenkirche.

15 An die einstige Zerstörung erinnert auch dieser Riss.

16 Blick auf das von Albert Bachert gegossene Geläut.

Wiederaufbau mit alter Handwerkskunst

Das etwa 130 Millionen Euro teure Meisterwerk für die Ewigkeit – am 27. Mai 1994 startete mit der ersten Steinversetzung der Wiederaufbau. In den 17 Monaten zuvor war der 71 x 74 Meter große Trümmerhaufen Stein um Stein, Schicht um Schicht abgetragen worden. 7.244 Außenfassadensteine und 87.000 Hintermauerungssteine – einige Kilo bis zu 95 Tonnen schwer – wurden geborgen, katalogisiert und zur weiteren Bearbeitung gestapelt. Schon lange vor dem Baustart begann in ausgewählten Steinbrüchen der Sächsischen Schweiz die Arbeit.

Die aus dem Fels gesprengten Blöcke sägte man maschinell vor. Doch in den Schauern am Fuße der Frauenkirchen-Baustelle erhielten sie von Steinmetzen nach traditioneller, aus dem Mittelalter überlieferter Technik mit Knüpfel, Krönel, Schrift- oder Scharriereisen per Hand ihre endgültige Form. Zu einer enormen Herausforderung entwickelte sich neben dem fachgerechten Versetzen der Steine mit Bleiblättchen, Keilen und Hanfstricken bis in über 80 Meter Höhe die Mörtelmischung. Es war kompliziert einen sandsteinverträglichen Mörtel zu finden, dessen Salze keine hässlichen Spuren durch Ausblühungen hinterlassen. In beeindruckendem Tempo begann sich die Kirche hinter Gerüststangen und Planen des beheizten Schutzzeltes in den Himmel zu recken: Außenmauern, Spieramen (Wandscheiben, die die Kuppellast gleichmäßig auf Pfeiler und Außenwände verteilen) und Treppenhäuser waren bis Ende März 1999 schon auf 24,30 Meter Höhe gewachsen. Vor allem das Jahr 2003 hatte es in sich: Anfang Mai trafen die sieben neuen Glocken der Frauenkirche ein, läuteten am 7. Mai erstmals. Und am 1. Juli 2003 bekrönte die 26 Meter breite und 25 Meter hohe »Steinerne Glocke« wieder den Bau. 65 Maurer, Versetzer, Zimmerleute und Dachklempner schufen sie in nur acht Monaten aus 3.355 Sandsteinen (zuzüglich 190.000 für die Hintermauerung). Nach Vollendung des Steinbaus der Laterne und Aufsetzen von Turmhaube und Kuppelkreuz am 22. Juni 2004 erstrahlte die 91,23 Meter hohe Kirche äußerlich wieder komplett in alter Pracht.
Der Wiederaufbau ist einem wahren Spendenwunder zu verdanken. Weit über eine Million Spender und Stifter aus aller Welt beteiligten sich mit Beiträgen zwischen zwei Euro und 1,7 Millionen Euro daran.

Das Innere der Frauenkirche

Die ungeheure Last der dreiwandigen Steinkuppel ruht größtenteils auf acht kühn anstrebenden Pfeilern des Kirchenschiffes, das wie die Emporen und Pfeiler barocke Farbigkeit ausstrahlt. Die innere Kuppel ist an der Unterseite verputzt. Darauf entstanden nach altmeisterlicher Kunst die 1734 von Hofmaler Giovanni Battista Grone (1682–1748)

17

geschaffenen acht Gemälde neu: Alternierend mit den Evangelisten Lukas (nebst Stier), Matthäus (mit Engel), Markus (mit Löwen) und Johannes (mit Adler) malte Grone die Tugenden Glaube (Fides), Nächstenliebe (Caritas), Hoffnung (Spes) sowie Barmherzigkeit (Misericordia). Während heute ein Lift bis zur dritten Empore fährt, führt wie einst nur ein schneckenförmiger Rundgang zwischen den Kuppelschalen zur Aussichtsplattform in 68 Meter Höhe.
Der gewaltige Bau mit heute 1.833 Sitzplätzen (früher 4.000, heute u.a. aus Gründen des Brandschutzes reduziert) gliedert sich in das durch einen Kreuzgang geteilte Kirchenschiff, in die 48 Betstübchen im Erd- und Zwischengeschoss, die drei Emporen und in den Altarraum. Sieben Portale ermöglichen von allen Seiten den Zu- und Abgang. Vom Hauptportal D aus hat man den besten Gesamtüberblick über die Kirche. Gegenüber steht der prächtige Altar. Bildhauer Johann Christian Feige (1689–1751) vollendete ihn nach einem Entwurf Bährs. Den heutigen Altar schuf ein Team von Restauratoren, Bildhauern, Holzschnitzern, Steinmetzen und Vergoldern aus über 2.000 geborgenen Einzelteilen. Fehlende Stücke wurden nach alten Fotos nachgebildet. In altchristli-

18
19

17 *In alter Pracht erstrahlen die Kuppelgemälde.*

18 *Auch die Emporen erhielten ihre Farbigkeit zurück.*

19 *Ein prächtiges Detail des Altars.*

20 *Seit Februar 2005 ist die Aussichtsplattform geöffnet.*

21 *Die »Steinerne Glocke« schwebt wieder über Dresden.*

cher Symbolik legen sich Ranken von Ähren und Weintrauben, deren Enden von schwebenden Engeln gehalten werden, um die Säulen. In der Mitte wird der auf einem Hügel kniende Heiland im Garten Gethsemane durch einen Engel gestärkt. Rechts erblickt man die schlafenden Jünger Petrus, Jakobus und Johannes, im Hintergrund die Stadt Jerusalem und die Pforte, durch welche Judas mit den Häschern eindringt. Über allem schwebt die vergoldete Strahlenglorie mit Seraphimköpfchen und dem Auge Gottes, darunter ein das Kreuz tragender Engel.
Eine Dominante der beeindruckenden Innenarchitektur der Kirche ist die 20 Tonnen schwere Orgel – einst das 39. Meisterwerk des sächsischen Hof- und Landorgelbauers Gottfried Silbermann (1683–1753), heute ein Instrument der Straßburger Orgelbaufirma Daniel Kern. Mit ihrem äußeren Erscheinungsbild ist das Orgelgehäuse von 1736 komplett wieder hergestellt. Durch Beschluss der Stiftung Frauenkirche besitzt das Gotteshaus heute eine moderne Orgel im barocken Gewand, keine Silbermann-Kopie. Die Orgel verfügt, wie nach dem Umbau von 1911, wieder über 65

21

statt ursprünglich nur 43 Register auf vier statt auf drei Manualen. Damit klingt sie heller und voller.

Bereits seit 1996 werden die historischen Katakomben als Unterkirche für Andachten, Gottesdienste, Friedensgebete, Kirchenmusik, Konzerte und Vorträge genutzt. Im unterirdischen Hauptraum sticht ein elf Tonnen schwerer monolithischer Kalksandstein aus dem Steinbruch bei Kilkenny (Irland) ins Auge. Dieser Altar des in England lebenden Künstlers Anish Kapoor steht im Schnittpunkt der sich in alle vier Himmelsrichtungen erstreckenden Gewölbe-Tonnen.

22

Kath. Hofkirche Kathedrale Ss. Trinitatis

Kathedrale: Schlossplatz
Dompfarrei Dresden: Schlossstraße 24, 01067 Dresden

Sachsens größtes katholisches und durch 78 überlebensgroße Heiligenfiguren an den Fassaden, am Turm und auf den Balustraden wohl auch prunkvollstes Gotteshaus steht wie ein Schiff am Ufer der Elbe: die 1980 zur Kathedrale Sanctissimae Trinitatis erhobene Katholische Hofkirche. Seit über 250 Jahren feiern hier Christen die Heilige Messe. Die Geschichte dieses Bauwerks von europäischem Rang begann mit einem für das protestantische Sachsen im zu Ende gehenden 17. Jahrhundert unerhörten Vorgang: Um seine Chancen zum Erwerb der polnischen Königskrone zu steigern, trat Kurfürst Friedrich August I. (1670–1733), genannt der Starke, am 1. Juni 1697 in Baden bei Wien zum katholischen Glauben über. Zweieinhalb Monate später wurde er als August II. in Krakau zum König von Polen gekrönt. Um der Gefahr einer Rebellion seiner sächsischen Untertanen gegen einen

23

22 *Die kath. Hofkirche vom Theaterplatz.*

23 *Blick von der Elbe.*

allzu offen katholischen Herrscher zu entgehen, verzichtete er jedoch auf Errichtung einer Kirche. Statt dessen baute er bis Gründonnerstag 1709 das alte Opernhaus am Taschenberg zur Kapelle um. Erst sein einziger ehelich geborener Sohn Friedrich August II. (1696–1763), der gegen den Willen der Mutter im Jahre 1712 konvertiert war, ließ das monumentale »Haus voll Glorie« entstehen.

Bau durch Gaetano Chiaveri

Friedrich August II. und seine Gemahlin Maria Josepha Erzherzogin von Österreich (1699–1757) beauftragten 1738 den römischen Architekten Gaetano Chiaveri (1689–1770) mit dem Bau des repräsentativen katholischen Gotteshauses zwischen Brücke und Residenzschloss. Chiaveri entschied sich für eine Kirche im römischen Spätbarock. Im Bautypus orientierte er sich an der französischen Hofkirche in Versailles. Die Fünfschiffigkeit erinnert an die alten Basiliken Roms, der Umgang mit Kapellenkranz an französische Kathedralen der Gotik. Um Baufreiheit zu schaffen, mussten das alte Komödienhaus am Zwinger sowie die Festungs-Bastion Luna mit drei Stadttoren abgebrochen und zwei Pfeiler der Elbbrücke durch Aufschüttung beseitigt werden. Aus Platzgründen konnte sich der eine Fläche von 4.792,8 Quadratmeter umfassende und 86 Meter hohe Sandsteinbau trotzdem nicht an

24 25

24 Kanzel mit Kanzeldeckel von Joseph Hackl.

25 Kirchenvater Ambrosius von Permoser.

26 Blick auf Hochaltar und Silberschatz.

der für Kirchen üblichen Ost-West-Richtung orientieren. Die Achse zeigt in südwestliche Richtung. 1.300 Arbeiter begannen im Juni 1739 mit dem Ausschachten der Baugrube. Heimlich legte man am 28. Juli den Grundstein. Chiaveri verpflichtete viele Kunsthandwerker wie den Bildhauer Lorenzo Mattielli (1688–1748) oder den Maler Stefano Torelli (1712–1784) aus seiner Heimat, die auf dem Platz vor der Baustelle lebten. Daran erinnert noch heute der Name »Italienisches Dörfchen«. Obwohl nach raschem Voranschreiten des Baues der Außenhülle schon 1740 der Innenausbau begann, kam durch spärlicher bewilligte Gelder später alles ins Stocken. Verbittert kehrte Chiaveri im Herbst 1748 Dresden den Rücken. Die Leitung lag danach in den Händen von Sebastian Wetzel, Johann Christoph Knöffel (1686–1752) und Julius Heinrich Schwarze (1706–1775), der schließlich 1755 den Turm, höher als geplant (84 Meter hoch), vollendete. Auf Befehl des Königs weihte der Apostolische Nuntius für Polen am 29. Juni 1751 die noch unfertige Kirche.

26

Aus der ersten katholischen Kapelle wurden der geschnitzte Kanzelkorb, der Taufstein, die Bildwerke der Kirchenväter Ambrosius und Augustinus sowie der »Christus an der Geißelsäule« des Bildhauers Balthasar Permoser (1651–1732) in die Hofkirche integriert. Das 4,20 Meter hohe Altar-Kreuz und die ebenfalls massiv silbernen Leuchter (je 2,15 Meter hoch) fertigte bis 1756 Ignaz Bauer in Augsburg. Wegen des Siebenjährigen Krieges waren sie bis 1763 auf der Festung Königstein ausgelagert. Erst 1765 traf das zehn Meter hohe Altarbild »Himmelfahrt Christi« per Schiff in Dresden ein. Anton Raffael Mengs (1728–1779) hatte es in Rom gemalt und in Madrid vollendet.
Die 907.000 Taler für das Gotteshaus trug der Kurfürst-König aus seiner Privatschatulle.

Silbermanns letzte Orgel

Die Königin der Instrumente wurde am 2. Februar 1755 geweiht. Die 47 Register auf drei Manualen und etwa 3.000 Pfeifen umfassende

27

Orgel ist das letzte und größte Werk des berühmten sächsischen Meisters Gottfried Silbermann (1683–1753). Der Königlich-Polnische und Kurfürstlich-Sächsische Land- und Hoforgelbauer erhielt den Auftrag 1750 vom Sächsischen Hof. Nach seinem Tod am 4. August 1753 vollendete Silbermanns Schüler Zacharias Hildebrandt das Werk. Der 1750 bis 1754 geschnitzte Barockprospekt ist eine Arbeit von Joseph Hackl (gest. 1785). Von Wolfgang Amadeus Mozart (1756–1791), der die Orgel der Dresdner Hofkirche 1789 spielte, ist der Ausspruch »Dies sind über die Maßen herrliche Instrumente« überliefert. Weil der damalige Propst 1944 die Orgel ins Zisterzienserinnen-Kloster St. Marienstern auslagern ließ, blieb sie erhalten. Das Barockgehäuse verbrannte wie vieles Interieur am 13./14. Februar 1945 gänzlich. Seit der letzten Restaurierung 2002 erklingt Silbermanns Meisterwerk sogar wieder in der originalen Stimmtonlage von ca. 415 Hertz. Oft vereint sich ihr Klang mit dem Gesang der im Kapellknabeninstitut ausgebildeten Dresdner Kapellknaben, deren Tradition auf das Jahr 1708 zurückgeht.

28

27 *Blick zur Orgel Gottfried Sielbermanns.*

28 *Der mit Eule der Pallas Athene verzierte Sarkophag König Johanns.*

Die Wettiner-Grüfte

Schon vier Tage nach der Weihe der Hofkirche 1751 überführte man am späten Abend vier Särge aus der Kapelle in die Gruft der neuen Kirche, die vom 18. bis zur Mitte des 20. Jahrhunderts die wichtigste Grablege der Wettiner wurde. In vier Räumen sind 49 Mitglieder der albertinischen Linie des Hauses Wettin und die mit ihnen durch Heirat verbundenen Angehörigen aus europäischen Herrscherhäusern beigesetzt. In der Stiftergruft ruhen die Regenten von 1694 bis 1827 in schlichten Zinnsärgen. Von August dem Starken, der seine letzte Ruhestätte auf dem Wawel in Krakau fand, steht eine silberne Kapsel mit seinem Herzen über den Sarkophagen des Stifterpaares. Die erst 1823 entstandene Große Gruft ist Administrator Prinz Xaver (1730–1806), König Anton (1755–1836), Fürstäbtissin Cunigunde (1740–1826) und den Mitgliedern des Kurfürsten- und Königshauses aus sechs verschiedenen Generationen in reizvollen klassizistischen Särgen vorbehalten. In der Königsgruft sind die sterblichen Überreste der Regenten von 1830/36 bis 1873 in vier prunkvollen, etwa je fünf Tonnen wiegenden Bronzesarkophagen im neubarocken Stil untergebracht. Besonders

29 *Die Sakramentskapelle ist die prächtigste der vier Eckkapellen.*

aufwändig gearbeitet ist der mit der Eule der Pallas Athene verzierte Sarkophag des Dichter-Königs Johann (1801–1873). 1900 wurde die Neue Gruft angelegt, die an der Stirnwand über einen Altar nebst Altarnische im Beuroner Stil in weißem Marmor mit Glasmosaik verfügt. Hier ruhen die Könige Sachsens von 1873 bis 1918. Darunter Friedrich August III. (1865–1932), der 1918 abdankte. Der letzte in diesem Raum bestattete Verstorbene war Georg von Sachsen SJ (1893–1943). Der ehemalige Kronprinz und spätere Jesuitenpater setzte sich in der Zeit des Nationalsozialismus für verfolgte Menschen ein. Er ertrank im Groß-Glienicker See bei Berlin. Im Jahre 1980 wurde noch eine Bischofsgruft eingebaut. Hier wurde als erster Bischof Gerhard Schaffran (1912–1996) in einem Wandgrab beigesetzt.

Die vier Kapellen

Auch die Hofkirche wurde 1945 weitgehend zerstört. Der Wiederaufbau begann sofort. Doch erst am 7. Juli 1962 konnte der Hochaltar geweiht werden. Spuren des Krieges und Provisorien der Nachkriegszeit wurden bis in die letzten Jahre beseitigt. Dem Gedächtnis der Opfer des 13. Februar 1945 dient seit 1975 die Gedächtniskapelle des Dresdner Bildhauers Friedrich Press (1904–1990) mit Schmerzensmutter und Altar aus Meissner Porzellan. Das Altarbild der früher hier befindlichen Kapelle von Karl Palko aus dem Jahre 1754 – die Bergung des Heiligen Johann Nepomuk aus der Moldau darstellend – befindet sich jetzt an der Südostseite des Prozessionsganges. Dieser Prozessionsweg entsprang der einstigen Situation im protestantischen Sachsen: Öffentliche Prozessionen waren verboten. Eine weitere Kapelle ist die Sakramentskapelle zur Aufbewahrung der Heiligen Eucharistie. Bis zur Brandnacht beherbergte sie das kostbare Gemälde »Letztes Abendmahl Jesu« von Louis de Silvestre (1675–1760). Von ihm gibt es nur noch eine nachempfundene Kopie. Die Kreuzkapelle dominiert ein Kreuzigungsbild Christi von Charles Hutin. In der Bennokapelle wird der Bistums-Patron verehrt.

30

Ev.-Luth. Kreuzkirche

Kirche: Altmarkt
Ev.-Luth. Kreuzkirchgemeinde:
An der Kreuzkirche 6, 01067 Dresden

Im Herzen Dresdens reckt sich am Altmarkt der 94 Meter hohe Turm der Kreuzkirche, des zweitältesten Gotteshauses der Stadt, in den Himmel. Mit einer Kreuzreliquie war die im Verlauf der Jahrhunderte fünfmal zerstörte Kirche im Mittelalter ein viel besuchter Wallfahrtsort. 1955 zur offiziellen Predigtkirche des evangelischen Landesbischofs von Sachsen bestimmt, erlebte die Kreuzkirche am 26. Juni 2004 die feierliche Amtseinführung von Landesbischof Jochen Bohl (geb. 1950). Vor allem ist sie aber Heimstatt des berühmten Dresdner Kreuzchores, der zu den weltweit ältesten und renommiertesten Knabenchören zählt.

31

30 Die Dresdner Kreuzkirche am Altmarkt.

31 So malte Bernardo Bellotto Kreuzkirche und Altmarkt 1760.

Frühe Bauwerke bis 1760

Schon um 1200 überragte am heutigen Standort der Kirche eine dem Kaufmanns-, Markt-, Straßen- und Brückenheiligen Nikolaus geweihte romanische Basilika St. Nikolai mit zwei Westtürmen die Stadt. Als Constantia Prinzessin von Österreich (1212–1243), die Gemahlin von Markgraf Heinrich dem Erlauchten (um 1215–um 1288), als Mitgift einen Splitter vom Kreuze Jesu nach Sachsen brachte, kam dieser in eine extra angebaute Kreuz-Kapelle der Nikolaikirche. Als weitere Reliquie wurde das vor dem Jahre 1270 von der Elbe angeschwemmte Holzkreuz als »Schwarzer Herrgott von Dresden« in der Stadtkirche verehrt. Am 3. Mai 1388 fand die Weihe der Kirche auf den neuen Namen »Zum Heiligen Kreuz« statt. Die beim Stadtbrand vom 15. Juni 1491 bis auf den hohen Chor mit seinen Glasmalereien und Turmteile zerstörte Kirche baute man bis 1499 als dreischiffigen gotischen Hallenbau von 61,5 Meter Länge wieder auf. Der Innenausbau kam jedoch erst mit dem Tafelwerk der Zehn Gebote und dem 1516/17 aufgestellten Altarschrein zum Abschluss (die Tafelgemälde befinden sich heute im Dresdner Stadtmuseum). Nach Einführung der Reformation in Sachsen im Jahre 1539 brach man die überflüssig

32

gewordenen 27 Altäre ab. 1579 erhielt die Kreuzkirche einen zweigeschossigen Renaissance-Altar, der 1768 in die Annenkirche umgesetzt wurde und seit 1927 in der Stadtkirche von Bad Schandau steht. 1669 traf ein Blitz den 1584 neu erbauten Westturm. Die Beseitigung der Brandschäden dauerte bis 1676. Nur 84 Jahre später zerstörte am 14. April 1760 preußische Artillerie im Siebenjährigen Krieg die spätgotische Kirche.

Jüngere Baugeschichte und heutige Ausstattung

Nach der Grundsteinlegung am 16. Juli 1764 zog sich der spätbarocke Neubau (Mittelraum 21 mal 40 Meter und 36,80 Meter hoch, 2.623 Sitzplätze) über 28 Jahre hin. Bereits am 22. Juni 1765 war ein Unglücksfall zu verzeichnen. Der stehen gebliebene, bereits in die Planungen einbezogene Turm stürzte ein. An der Errichtung des 415.527 Taler teuren Gotteshauses beteiligten sich schließlich Ratszimmermeister Johann Georg Schmidt (1707–1774), die Baumeister Christian Friedrich Exner (1718–1798) und Christian Heinrich Eigenwill (1732–1803) sowie Hofbaumeister Gottlob August Hölzer (1744–1814). Doch selbst nach der Weihe am 22. November 1792 musste bis zur Vollendung

33

32 *Kreuzkirche nach ihrer Zerstörung durch die Preußen 1760.*

33 *Inneres der 1790 neu errichteten Kreuzkirche um 1839.*

nochmals acht Jahre weitergebaut werden. Die 1894/95 durch Baurat Emil Scherz im neuklassizistischen Stil umgestaltete Kreuzkirche zerstörte am 16. Februar 1897 ein Brand, bis auf den Turm und die Umfassungsmauern. Innerhalb von nur drei Jahren gelang den Architekten Rudolf Schilling (1859–1933) und Julius Graebner (1858–1917) der 1,785 Millionen Mark teure Wiederaufbau. Umfassend veränderten sie dabei das Kircheninnere für 3.476 Sitzplätze im Neubarock mit Jugendstilelementen. Fünf große Bronzeglocken mit 11.511, 6.825, 4.929, 3.251 und 1.497 Kilogramm Gewicht (Töne E – G – A – H – D) wurden von Hof-Glockengießermeister Franz Schilling in der Apoldaer Firma C. F. Ulrich gegossen. Sie bilden noch heute das zweitgrößte Geläut Deutschlands. 1901 erfolgte die Weihe der Jehmlich-Orgel (17 Meter hohes Gehäuse, vier Manuale, 92 Register, 6.509 Pfeifen), die 1940 auf etwa 110 Register und 8.000 Pfeifen erweitert wurde.

34 *Altarbild »Golgatha« von Prof. Anton Dietrich.*

35 *Predella von Heinrich Epler mit dem ersten ev. Gottesdienst 1539.*

36 *Dresdner Kreuzchor beim Konzert.*

Für die am 13./14. Februar 1945 erheblich beschädigte Kreuzkirche begann 1946 der Wiederaufbau. Die vereinfachte Rekonstruktion des Innenraumes unter Architekt Fritz Steudtner (1896–1986) mit schlichtem Rauputz, Herrnhuter Sitzbänken und sternförmigen Hängeleuchten hat bis heute Bestand. Am 13. Februar 1955 konnten die im Rohbau wieder hergestellte Kirche und zum Reformationsfest 1963 die neue Jehmlich-Orgel mit 76 Registern und 6.111 Pfeifen geweiht werden. Von der Vorkriegs-Ausstattung erhielten sich u.a. das von Prof. Anton Dietrich (1833–1904) gemalte Altarbild »Golgatha« und das Bronzerelief über dem Altartisch von Prof. Heinrich Epler (1846–1905). Es stellt den ersten evangelischen Abendmahlsgottesdienst in der Kreuzkirche am 6. Juli 1539 dar. Einige Kunstwerke gelangten aus zerstörten Gotteshäusern in die Kreuzkirche: aus der Sophienkirche z.B. ein Bronzekruzifix von Wolf Ernst Brohn (nach 1600–1664) und der Grabstein der Elisabeth von Haugwitz (gest. 1631) von Sebastian Walther (1576–1645). Aus einer Gruft des Frauenkirchfriedhofs stammt der wohl ebenfalls die Handschrift Walthers tragende Schmerzensmann. In der Zionskirche stand früher die Bronzekanzel. Für die Schützkapelle stiftete Kreuzkantor Rudolf

36

Mauersberger ein von Helmar Helas (1914–1981) geschaffenes Bleiglasfenster. Mit 3.199 Sitzplätzen (nebst Stehplätzen fasst die Kirche sogar 5.000 Menschen) verfügt die Kreuzkirche über den größten Konzertsaal der Elbestadt.

Der Dresdner Kreuzchor

Ertönen ihre Stimmen bei Gottesdiensten, Vespern, Metten und Konzerten, öffnen sich die Herzen. Ein Knabenchor der Superlative verzaubert seit 800 Jahren mit seinem wundervollen, reinen Klang – der Dresdner Kreuzchor. 140 Kruzianer aller Stimmlagen – neun bis 18 Jahre alt – bilden einen lebendigen Mythos.

Der Kreuzchor, die musikalische Seele von Elbflorenz, ist so alt wie Sachsens Residenz- und Hauptstadt selbst; die Geburt des Chores fällt etwa mit der Stadtgründung 1206 zusammen. Vermutlich wurde zu jener Zeit im Rahmen der Missionsarbeit die schulische und musikalische Unterweisung der Jugend betrieben. Messknaben und Choristen an der Nikolaikirche übten Ritualgesänge – die Anfänge des Kreuzchores. Vom 6. April des Jahres 1300 stammt dann die erste urkundliche Erwähnung der Kreuzschule und eines Schulmeisters namens

Conrad. Von 1380 ist überliefert, dass sechs Schüler den Priester von Sonnenuntergang bis Mitternacht mit Gesängen zu begleiten hatten.
Bereits im zweiten Drittel des 15. Jahrhunderts sangen die Chorknaben am Dresdner Fürstenhof. Später kamen neben den Verpflichtungen an der Kreuzkirche jene an der Frauen- und Sophienkirche hinzu. Von 1717 bis 1817 verstärkten sie den Dresdner Hofopernchor.
Seit der Reformation sind die Kreuzkantoren namentlich bekannt. Der heutige Kantor, Roderich Kreile (geb. 1956), ist somit der 28. Kreuzkantor seit der Reformation.
Viele der Chorleiter hinterließen bleibende Spuren: Christian Theodor Weinlig (1780–1842) durch seine Schüler, zu denen Richard Wagner (1813–1883) und Clara Wieck (1819–1896) zählten. Wagner, der wie der Held der Freiheitskriege Theodor Körner (1791–1813) zwar Kreuzschüler, aber nicht Chormitglied war, widmete Lehrer Weinlig 1832 die Klaviersonate op. 1 und dessen Witwe 1843 das »Liebesmahl der Apostel«. Kreuzkantor Ernst Julius Otto (1804–1877), dem mit fast 50 Jahren die längste Dienstzeit vergönnt war, erlangte als Vater des deutschen Männerchorliedes und Kompositionen wie »Des deutschen Rheines Braut« Weltruf. Unter Otto Richter (1865–1936) kam es zu ersten Auslandsreisen des Chores nach Schweden und Holland.
Doch eine Kantorenlegende gilt bis heute als Synonym für den Welterfolg des Kreuzchores: Rudolf Mauersberger. Als der 82-Jährige am 22. Februar 1971 verstirbt, hatte er den Chor 41 Jahre lang mit seinen starken musikalischen Visionen geprägt, geschickt durch drei politische Systeme und den verheerenden Zweiten Weltkrieg (11 Kruzianer kamen am 13./14. Februar 1945 ums Leben) geleitet, die Sängerknaben zu unverwechselbarem Klang geführt.
Der Kreuzchor, der den Grundstein für so Aufsehen erregende Karrieren wie die von Startenor Prof. Peter Schreier (geb. 1935) legt, bestreitet heute jährlich über 100 Auftritte in Dresden und bei weltweiten Tourneen. Für jeden der Knaben und Männer, die am evangelischen Gymnasium Kreuzschule lernen und teilweise im Alumnat wohnen, eine unvergessliche Zeit.

Kirche: Annenstraße
Ev.-Luth. Annenkirchgemeinde:
An der Kreuzkirche 6, 01067 Dresden

Ev.-Luth. Annenkirche

Nahe der alten, zu eng gewordenen Bartholomäikirche bzw. Kapelle (um 1480 erwähnt, 1839 abgebrochen) wurde für die Christen »uff der Gerbergasse, Poppitz, Fischersdorf, Viehweide« sowie die Dörfer »Nauslitz, Roßlau, Lieptau, Deltzschen, Coschütz und Naundorf« am Tag der heiligen Anna, dem 26. Juli 1578, eine Rennaissance-Saalkirche geweiht. Sie trug den Namen St. Annen, in Anlehnung an den Namen der Kurfürstin Anna (1532–1585). Mit ihrem Anbau von 1712 fasste die Kirche 1.500 Menschen. 1727 erhielt man den Altar der abgebrochenen alten Frauenkirche. Die durch preußische Feldjäger am 20. Juli 1760 mit Pechpfannen in Brand gesteckte Kirche wurde 1764 bis zur Weihe am 8. Oktober 1769 von Johann Georg Schmidt (1707–1774) neu errichtet. Der Altar stammte aus der abgebrannten Kreuzkirche, 1784 kam eine Orgel von Kaiser hinzu. Zum Reformationsfest 1823 konnte der nordöstliche barocke Vorbau durch einen klassizistischen Turmaufsatz von Gottlob Friedrich Thormeyer (1757–1842) komplettiert werden. Bei der Restaurierung 1906 bis 1909 unter Richard Schleinitz (1861–1916) erfolgte der Neubau der Südwestfassade im Jugendstil. Die Jugendstilornamentik im ovalen Innenraum (riesiger Baldachin, 12 freistehende, verkröpfte Pfeiler) entfernte man 1939. 1945 als einzige Innenstadtkirche nicht ausgebrannt, feierte man nach einer Renovierung am 1. Advent 1950 wieder die Weihe. Die Arbeiten an der Außenhülle waren erst mit dem Aufsetzen der Haube des 57 Meter hohen Turmes 1997 beendet.

Kirchsaal/Evangelisch-reformierte Gemeinde zu Dresden: Brühlscher Garten 4, 01067 Dresden

Reformierte Kirche

Um 1688 schlossen sich reformierte französische Glaubensflüchtlinge (Hugenotten) zu einer reformierten Gemeinde zusammen, die an der Schössergasse 12 heimlich Gottesdienste abhielt. Die Lokalitäten wechselten, bis man 1766 an der Kreuzgasse einen Kirchenbau errichten durfte. Bekannte Dresdner wie der Architekt Gottfried Semper (1803–1879), der Arzt Heinrich Lahmann (1860–1905), der Maler Anton Graff (1736–1813) oder der Schauspieler Emil Devrient (1803–1872) gehörten zur Gemeinde. Diese zog 1894 in die neue Kirche an der Ringstraße (siehe Kapitel »Verschwundene Kirchen«). 1945 zerstört, diente das mit einem provisorischen Dach hergerichtete Gotteshaus bis zur Enteignung Gemeindezwecken. Seit dem 27. Oktober 1956 ist das von Architekt Heinrich Rettig (1900–1974) wieder aufgebaute Hofgärtnerhaus an der Brühlschen Terrasse neues Domizil. Der dortige Kirchensaal mit 350 Sitzplätzen und einer Jehmlich-Orgel wurde 1999 zu Gunsten des im Besitz der Kirche befindlichen Seniorenheimes liquidiert. Ein schlichter Kirchensaal entstand nach Entwürfen von Werner Hößelbach (geb. 1955) im einst zur Dresdner Festung zählenden Kanonenhof. Zwischen den Sandsteingewölben der militärischen Anlage stehen der Abendmahlstisch und der Predigtstuhl. Die Sakristei zieren sieben Pastoren-Gemälde.

Kirche: Friedrichstraße 43
Annenkirchgemeinde: An der Kreuzkirche 6,
01067 Dresden

Ev.-Luth. Matthäuskirche

Von der Weißeritz umflossen, stellte bis 1647 nur ein Steg die Verbindung zwischen der Halbinsel Ostra und dem Land vor der Festung Dresden her. Neue Siedler ließen das Dorf wachsen, das 1722 ein Gesuch zum Bau eines eigenen Gotteshauses stellte. 1725 gestattete der Landesherr, die 1670 in Neustadt-Ostra umbenannte Gemeinde sowohl aus Briesnitz als auch aus der Annenkirche auszupfarren. Am 28. Mai 1728 konnte der Grundstein zum Kirchbau gelegt werden, den wohl Oberlandbaumeister Matthäus Daniel Pöppelmann (1662–1736) bis zur Weihe am 11. Juni 1730 ausführte. Der Schöpfer des Dresdner Zwingers errichtete sich hier auch eine Gruft. 1730 taucht erstmals der Name Friedrichstadt in Urkunden auf. 1737 wurde das Positiv durch die Orgel aus der Schlosskapelle ersetzt. Aus der Annenkirche kam 1768 der frühere Frauenkirch-Altar. Den Namen des Evangelisten Matthäus trägt das Kirchlein seit dem 1882 nach Plänen von Professor Arnold erfolgten Umbau im Renaissancestil. Erst 1928 gab Walter Raum der Kirche ihre Barockgestalt zurück. Der 1945 zerstörte Außenbau wurde 1974 bis 1978 durch Christian Möller wieder hergestellt. Das Innere gestaltete Werner Juza (geb. 1924) schlicht: mit einem Altartisch aus Metall, einem metallenen Altarkreuz mit einem roten Glasstein darin und einer kupfernen Stele.

Kirche: Fiedlerstraße 2
Ev.-Luth. Johanneskirchgemeinde:
Haydnstraße 23, 01309 Dresden

Ev.-Luth. Trinitatiskirche (Ruine)

Als letzte Kirchenruine der Innenstadt überragt die einst aus Sandstein errichtete Trinitatiskirche mit ihrem 65 Meter hohen, viergeschossigen Glockenturm die umliegenden Häuser der 1960er Jahre. Die einschiffige Kirche mit Querschiff und 1.200 Plätzen war vom 21. September 1891 bis zur Weihe am 17. Oktober 1894 von Karl Barth im Stil der italienischen Neurenaissance gebaut worden. Johannstadt, 1877 als Stadtteil selbstständig geworden, hatte zuerst zur Kreuzkirch-, ab 1878 zur Johanniskirchgemeinde gehört. Zum Gottesdienst traf sich die 1888 gegründete Trinitatisgemeinde in der Turnhalle der 20. Bezirksschule. Aus der alten Trinitatiskirche sind erwähnenswert: die vier 1894 von Albert Bierling in Dresden gegossenen Glocken (60 Zentner schwer, im I. Weltkrieg eingeschmolzen, drei 1920 von Bierling neu gegossen), die Orgel mit 2.547 Pfeifen von Kircheisen, die Kanzel auf einer Säule von schwedischem Granit, die verbleiten Glasfenster von Urban sowie das Altargemälde »Christus, die Bergpredigt haltend« von Prof. Anton Dietrich (1833–1904). Der Abriss der Ruine konnte zu DDR-Zeiten abgewendet werden. Heute wird sie in den Sommermonaten für Freiluftgottesdienste und der 1994 ausgebaute Turm u. a. für Jugendarbeit genutzt.

Kirche: Borsbergstraße 15
Kath. Herz-Jesu-Gemeinde Dresden-Johannstadt: Borsbergstraße 13, 01309 Dresden

Kath. Herz-Jesu-Kirche

Ab 1896 feierten die Johannstädter Katholiken in der Kapelle der 4. Katholischen Grundschule auf der Schumannstraße die heilige Messe. 1900 wurde das Grundstück an der Borsbergstraße gekauft und 1901 eine Außenstelle der Katholischen Hofkirche eingerichtet. Ab 1903 entstand nach Plänen von August Menken (1858–1903) mit einer 200.000-Reichstaler-Spende der Dresdnerin Veronika Fischer (1836–1913) das im neugotischen Stil errichtete Gotteshaus. Die am 26. November 1905 geweihte Herz-Jesu-Kirche verfügt über einen ca. 68 Meter hohen Turm und 580 Sitzplätze. Innen und außen sind in verschiedenen Materialien 149 Tiere dargestellt. Die Glasfenster entwarf Bruno Seener (1893–1952), die Holzschnitzereien an der Kanzel und am Hauptaltar schuf Anton Becker. Die pneumatische Orgel (37 Register, drei Manuale, ca. 3.500 Pfeifen) wurde 1909 in der Werkstatt der Gebrüder Jehmlich gebaut. 1972 gestaltete Egon Körner (geb. 1908) den Altarraum nach den Erfordernissen der Liturgieform um: mit einfachem Sandsteinaltar auf freiem Altarplatz und Tabernakel im linken Seitenschiff. Das heutige Geläut (Weihe November 1990) umfasst vier Bronzeglocken. Die größte, 1986 in Apolda gegossen, war für den Französischen Dom in Berlin bestimmt. Da sie nicht zu dessen Geläut passte, kam sie nach Dresden-Johannstadt.

Kirche/Ev.-Luth. Lukaskirchgemeinde Dresden: Lukasplatz, 01069 Dresden

Ev.-Luth. Lukaskirche

Als Lukasparochie am 1. Januar 1889 von der Kreuzparochie ausgepfarrt, feierte man ab 1890 in einer Interimskirche Gottesdienst. Am 6. Juli 1899 legte der Kirchenvorstand den Grundstein für die neue Kirche mit 1.288 Sitzplätzen. Die auf einer künstlichen Erhebung stehende Hallenkirche (54 Meter lang, 35 Meter breit) mit ihrem 83 Meter hohen Turm errichtete der Leipziger Georg Weidenbach im Stil der deutschen Renaissance. Bis zur Weihe am 29. März 1903 verbaute man knapp 1,2 Millionen Mark. Für Sockel, Terrassen und Treppen wurde Lausitzer Granit, im Übrigen Postelwitzer Sandstein verwendet. Das Hauptportal trägt als Schlussstein den Kopf des Evangelisten Lukas. Im Inneren beeindrucken die Gewölbe, die über zwei Säulen und vier Pfeilern mit filigranen Sternrippen überzogen sind. Nach den Beschädigungen im Jahre 1945 konnte die notdürftig wieder hergestellte Kirche am 20. Juni 1948 erneut geweiht werden. Noch heute fehlen ein Seitentürmchen und die Hälfte des Hauptturmes. Bei der Sanierung zwischen 1964 und 1972 unter Herbert Burckhardt ging die reiche Jugendstilausmalung von Otto Gußmann (1869–1926) verloren. Wegen ihrer ausgezeichneten Akustik beherbergte die Kirche seit 1972 das Aufnahmestudio des VEB Deutsche Schallplatten und wird bis heute – neben den Gottesdiensten (800 Plätze im Kirchenschiff) – als Tonstudio genutzt.

Kirche und Dresdner Russisch-Orthodoxe Gemeinde: Fritz-Löffler-Straße 19, 01069 Dresden

Russisch-Orthodoxe Kirche zum Hl. Simeon vom wunderbaren Berge

Schon in den Jahren 1813/1814 existierte im Brühlschen Palais in Dresden, in dem damals der russische Gouverneur Fürst Nikolai Grigorjewitsch Repnin-Wolkonski (1778–1845) residierte, eine Kapelle für den orthodoxen Gottesdienst. Die Anfänge der russischen Gemeinde, die 1862 schon 358 Mitglieder zählte, lassen sich bis 1860 zurückverfolgen. 1862 entstand in einem Privathaus in der Sidonienstraße der erste Gebetsraum. Zwei Jahre später wurde das Haus Beuststraße 4 (heute Mary-Wigman-Straße) angemietet.

Zur Dresdner russisch-orthodoxen Gemeinde gehörten u.a. 1867 und 1869 bis 1871 der Dichter Fjodor Dostojewski (1821–1881), der hier sein Werk »Die Dämonen« verfasste, und auch der weltberühmte Pianist, Dirigent und Komponist Sergej Rachmaninow (1873–1943), der 1906 bis 1909 in Elbflorenz wohnte.

Mit Unterstützung des Zarenhofes und weiterer Gönner sowie nach dem unentgeltlichen Entwurf des kaiserlich-russischen Architekten Harald Julius von Bosse errichtete der Dresdner Karl Robert Weißbach nahe der kaiserlich-russischen Gesandtschaft (heute Ev.-Luth. Landeskirchenamt) 1872 bis 1874 die Kirche, deren Baukosten sich auf 520.000 Mark beliefen. Am 6. Juni 1874 wurde diese auf den Namen des Heiligen Simeon vom wunderbaren Berge geweiht. Der vielfach gegliederte Ziegelbau mit Gesimsen und Pilastern ist außen mit Cottaer Sandstein verblendet. Über der Vorkirche erhebt sich

o. Mittelpunkt und Blickfang ist die Ikonenwand.

u. Rechts neben der Königspforte der Erlöser, links die Gottesmutter.

der 40 Meter hohe Glockenturm. Der dem Stil Moskauer Kirchen des 17. Jahrhunderts nachempfundene Bau wird von fünf Türmen mit blauen Zwiebelkuppeln und vergoldeten russischen Kreuzen bekrönt. Durch das Portal gelangt man in eine Vorhalle und den Kirchenraum mit seitlichen Apsiden. Die nördliche Apsis dient Gedenk- und Totenfeiern, die südliche dem Chor während des orthodoxen Gottesdienstes. Mittelpunkt ist der zehn Meter breite Ikonostas (Ikonenwand) aus weißem Carrara-Marmor, welcher Kirchraum und Allerheiligstes trennt. Die zweiflüglige Königspforte mit reich vergoldeten Schnitzereien zeigt die Bildnisse der vier Evangelisten und die Verkündigung Marias. Ikonen und Ovalbilder im Deckenplafond schuf James Marshall (1838–1902). Im Allerheiligsten befindet sich auf dem mit Brokat verkleideten Altartisch der siebenarmige Leuchter. Davor der silberne Tabernakel. Während des I. Weltkrieges wurden die acht Glocken eingeschmolzen. Den II. Weltkrieg überstand die Kirche trotz verschiedener Brandschäden und Zerstörungen im Dach- und Turmbereich, die 1952 beseitigt waren. 1964 entstand eine dem heiligen Nikolaus geweihte Winterkirche im Halbkellergeschoss. Seit 1975 ist das Geläut wieder komplett und ab 1994 erfolgten umfassende Restaurierungsarbeiten.

Kirche/Ev.-Luth. Zionskirchgemeinde: Bayreuther Straße 28, 01187 Dresden.

Ev.-Luth. Zionskirche

Unweit der als Lapidarium genutzten Zionskirch-Ruine konnte dank der Kirche Schwedens am 5. Juni 1981 der Grundstein für dieses neue Gotteshaus mit Gemeindezentrum gelegt werden. 18 Monate lang errichtete es die Gemeinde, zu der auch viele Studenten der Technischen Universität Dresden gehören, unter Leitung eines schwedischen Bauleiters. Auf dem zweigeschossigen Ständerbau mit Klinkerverblendung ruht eine Leimholzkonstruktion. Vier ins Klinkermauerwerk integrierte Sandsteinreliefs aus der alten Zionskirche halten die Erinnerung an die Vergangenheit wach. Die am 31. Oktober 1982 geweihte Zionskirche erreicht an ihrem höchsten Punkt zehn Meter. Sie ist behindertenfreundlich gebaut. Altar, Lesepult und Stuhlreihen für 120 Gemeindemitglieder bilden einen Kreis. Eine kleine Sauer-Orgel komplettiert den wegen seiner guten Akustik auch für Kammerkonzerte genutzten Altarraum. Als Dauerleihgabe des Landesamtes für Denkmalpflege hängt links neben dem Altar ein altes Kruzifix. Der gekreuzigte Jesus vor dem Sternenhimmel – allerdings fehlen die Assistenzfiguren Johannes und Maria – ist möglicherweise eine um 1420 in Schlesien oder dem Sudetenland geschnitzte Arbeit. Im massiven Untergeschoss befindet sich ein Gemeindesaal und ein in den Wintermonaten geöffnetes Obdachlosen-Café.

Kirche/Haus der Kirche/Ev.-Luth. Dreikönigskirchgemeinde: Hauptstraße 23, 01097 Dresden

Ev.-Luth. Dreikönigskirche

Altendresden, wie die jetzige Dresdner Neustadt lange Zeit hieß, wurde 1403 zur Stadt erhoben. Zunächst zur Parochie der Frauenkirche gehörend, ist die erste Neustädter Kirche »Zu den heiligen drei Königen« 1421 urkundlich erwähnt. 1514 bis 1525 erfolgte der Umbau zur dreischiffigen Hallenkirche. Am 6. August 1685 breitete sich von der Meißner Gasse eine Feuersbrunst aus, die Stadt und Kirche in Asche legte. Bis 1688 erbauten Johann Benedikt Knöffel (gest. 1689) und Johann Andreas Voigt das Gotteshaus neu. Im Jahre 1689 vermählte sich hier Frauenkirchen-Erbauer George Bähr (1666–1738). Wegen veränderter Straßenplanung wurde die Kirche 1732 auf Befehl Augusts des Starken abgerissen. Matthäus Daniel Pöppelmann (1662–1736) errichtete für 3.542 Taler eine Interimskirche mit 2.000 Plätzen und fertigte auch die Entwürfe für den Kirchenneubau, dessen Grundstein man am 1. Mai 1732 legte. 1739 war die ca. 70.000 Taler teure Kirche (3.500 Plätze) mit Ausnahme des Turmes von George Bähr und Johann Gottfried Fehre (1685–1753) fertig gebaut und wurde am 29. September geweiht. Erst 120 Jahre später komplettierte 1859 der durch Frommherz Lobegott Marx und Karl Moritz Haenel (1809–1880) in Barockmanier geschaffene Turm (87,5 Meter hoch) die Kirche. Am 13. Februar 1945 wurde der Bau bis auf die Umfassungsmauern zerstört. Unter dem erhalten geblie-

benen Turm versammelte sich die Gemeinde, verhinderte den Abriss und bekam 1977 die Genehmigung zum Wiederaufbau. Dieser erfolgte 1984 bis 1990 mit der Zielsetzung: Herstellung der Hülle der Barockkirche und innerer Umbau für vielfältige Nutzung (Westseite mit Kirchenraum, Ostseite mehrgeschossig mit Räumen für Konferenzen und Tagungen der Landessynode). Als »Haus der Kirche« 1990 geweiht, wurde die Evangelisch-Lutherische Dreikönigskirche durch die Plenarsitzungen des Sächsischen Landtages bekannt, der sich hier konstituierte und die Verfassung des Freistaates Sachsen annahm.
Den Kirchenraum dominiert der 1738 von Johann Benjamin Thomae (1682–1751) geschaffene Altar. Das einst 16 Meter hohe und sieben Meter breite Kunstwerk aus Sandstein (Gloriole vernichtet) ist nur als Torso erhalten: Christus an der Tür des Hochzeitssaales, vor ihm die klugen Jungfrauen, im Hintergrund die törichten. Von den Barockschnitzereien sind zwei überlebensgroße Engel an den Emporen zu bewundern. Zu den wichtigsten Renaissance-Kunstwerken Dresdens zählt der Totentanz von Christoph Walter I. (gest. 1546) von 1535 unter der Orgelempore (Eule-Orgel von 1993 mit 2.335 Pfeifen). Das zwölf Meter lange und 1,50 Meter hohe Sandsteinrelief mit 27 Figuren (bis zum Tod mit Sense) war ursprünglich am Georgentor des Schlosses angebracht, kam 1721 an die Mauer des Inneren Neustädter Friedhofs.

Kirche: Bautzner Straße 70
Ev.-Luth. Diakonissenanstalt Dresden e.V.:
Holzhofgasse 29, 01099 Dresden

Ev.-Luth. Diakonissenhauskirche

Am 19. Mai 1844 wurde in der Dresdner Neustadt von wohlhabenden Frauen die Diakonissenanstalt als einfache Pflegeeinrichtung für Arme gegründet. 1846 erfolgte der Umzug an die Bautzner Straße 68, wo sich bis heute weitere Arbeitsgebiete wie Ausbildungsstätten, Einrichtungen der Alten- und Behindertenpflege, Hostienbäckerei und ein Krankenhaus mit 250 Betten entwickelten. Die Idee geht auf Pastor Theodor Fliedner (1800–1864) zurück, der 1836 in Kaiserswerth die erste dieser Einrichtungen gründete. Eine kleine Anstaltskirche von Theodor Choulant (1827–1900) wurde am 15. Februar 1857 geweiht (heutiges Turmhaus). 1928 bis 1929 erfolgte ein Neubau mit 32 Meter hohem Glockenturm durch die Firma »Lossow und Kühne«. 1945 zerstört, wurde die Kirche bis zur Weihe am 30. September 1962 von Oswin Hempel (1876–1965) wieder aufgebaut (neue Schuke-Orgel mit 32 Registern, über 2.000 Pfeifen von 1973). Das Altarbild »Einsetzung des heiligen Abendmahls« sowie die Glasmalereien in der Sakristei »Jakob ringt mit dem Engel« und »Heimkehr des verlorenen Sohnes« stammen von Paul Sinkwitz (1899–1981). Die Kirche (200 Plätze) bietet neben Mitarbeitern und Patienten allen Interessenten einen Ort der Stille, Besinnung und Musik.

Kirche: Martin-Luther-Platz
Ev.-Luth. Kirchspiel Dresden-Neustadt/
Martin-Luther-Kirche: Martin-Luther-Platz 5,
01099 Dresden

Ev.-Luth. Martin-Luther-Kirche

»Auf dem Sande« vor der Dresdner Neustadt entstand seit dem 18. Jahrhundert eine Siedlung, deren Bewohner zur Dreikönigs-Kirchgemeinde gehörten. 1832 erhielt sie den Namen Antonstadt und kam 1836 zu Dresden. 1882 entstand durch Auspfarrung die neue Parochie. Ernst Giese (1832–1903) und Paul Weidner (1843–1899) erhielten den Auftrag für die Kirche im neuromanischen Stil. Am 12. November 1883 erfolgte die Grundsteinlegung für den einschiffigen Sandsteinbau (54 Meter mal 27 Meter) mit halbrund geschlossenem Chor, kurzem Querhaus und 81 Meter hohem schlanken Westturm. Die Kirchweihe beging die Gemeinde am 10. November 1887. Von den Architekten sind die 1.400 Sitzplätze so konzipiert, dass Gottesdienstbesucher den um drei Stufen erhöhten Altarraum mit Altar, Kanzel, Ambon (Lesepult) und Taufstein aus Cottaer Sandstein überall gleich gut sehen können. Bei der Renovierung 1962 wurde u. a. die reiche dekorative Ausmalung mit einem Sternenhimmel an den Gewölben entfernt. Im Altarraum bestechen die Bleiglasfenster mit Szenen aus dem Leben Jesu von Anton Dietrich (1838 – 1904) und Bruno Carl Urban (1851–1910). Die mehrfach erweiterte Orgel der Firma Carl Eduard Jehmlich & Söhne zählt mit ihren 59 Registern zu den größten Dresdens.

Kirche/Kath. Pfarrei St. Franziskus Xaverius Dresden-Neustadt: An der St. Martinskirche/ Stauffenbergallee 9, 01099 Dresden

Garnisonkirche St. Martin

Die erste Garnisonkirche – 1716 in der Neuen Hauptwache vor der Frauenkirche geweiht und 1760 zerstört – diente bereits militärischen Belangen. William Lossow (1852–1914) und Ferdinand Hermann Viehweger (1846–1922) erbauten bis 1900 auf dem Höhenzug am Rande des Albertstadt genannten größten Militärgeländes Deutschlands (360 Hektar, 20.000 Mann) eine Simultankirche (Grundsteinlegung 28. Oktober 1895, Weihe 28. Oktober 1900, 2.100 Sitzplätze). Räumlich und akustisch war sie in den kleineren katholischen Teil und rechts des 91,5 Meter hohen Hauptturmes in den größeren evangelischen getrennt. Ihre neoromanische Vielgestaltigkeit und ihre Vieltürmigkeit (Hauptturm 91,5 Meter) beeindrucken. Die dreischiffigen Hallen verfügen über Emporen, kuppelige Gewölbe mit Gurtbögen, Stern- und Netzgewölben und Glasfenster von Josef Goller (1868–1947), die teilweise verbaut oder zerstört sind. Die archaisierende romanische Malerei zeigt Jugendstileinfluss. Das 1998 vom Staat an einen Investor verkaufte Gotteshaus wird seit 1946 im katholischen Teil (Jehmlich-Orgel mit 21 Registern, Hauptaltar aus Cottaer Sandstein, heute 400 Plätze) von der Gemeinde St. Franziskus Xaverius genutzt. Der evangelische Teil ist profaniert. Zum Geläut gehören drei Glocken.

Kirchruine: Königsbrücker Platz, 01097 Dresden

St. Paulikirche (Ruine)

Ende 1880 wurde die St. Pauligemeinde in der Oppell-Vorstadt (genannt nach dem Geheimen Regierungsrat von Oppell, später Hechtviertel) durch Abzweigung von der Neustädter Parochie ins Leben gerufen. Am 31. Mai 1889 legte man den Grundstein für das von Christian Schramm als neugotischer Klinkerbau entworfene Gotteshaus. Kirchweih war am 4. Februar 1891. Die dreischiffige Hallenkirche bot 1.000 Personen Sitzplätze und verfügte über einen 78 Meter hohen Turm. Im Inneren reckten sich sechs mächtige Granitsäulen in die 19 Meter hohen Gewölbe mit zahlreichen Kreuzrippen. Die drei Altarfenster – Christus als Prophet predigend und heilend, als Priester betend und opfernd, als König siegend und mit Herrlichkeit gekrönt – stellte Bruno Carl Urban (1851–1910) nach Vorlagen von Anton Dietrich (1838–1904) her. Die Orgel mit 40 klingenden Stimmen war ein Werk der Gebrüder Jehmlich. Seit 1945 Ruine, kam die Kirche 1993 in Erbpacht an einen treuhänderischen Sanierungsträger, der sie beräumte, sicherte und für Veranstaltungen nutzbar machte. Rudimente von Kreuz und Altar haben sich im Apsisbereich erhalten. Seit 1999 organisiert der Verein »Theaterruine St. Pauli« hier in den Sommermonaten jährlich rund 100 Veranstaltungen.

Kirche/Selbstständige Ev.-Luth. Kirche in Deutschland (SELK): Großenhainer Platz 2, 01099 Dresden

SELK und Ev.-Luth. St. Petrikirche

Die zur Dreikönigskirchgemeinde gehörenden Dörfer Stadt-Neudorf und Scheunenhöfe wurden 1881 durch Auspfarrung zur selbstständigen Gemeinde St. Petri. Am 15. Mai 1889 legte sie den Grundstein zur Kirche, die der Leipziger Architekt Julius Zeißig bis zur Weihe am 5. November 1890 im neugotischen Stil aus Backsteinen errichtete: mit 68 Meter hohem, schlanken Turm, 12 Meter hohen und 5,20 Meter breiten Fenstern, 645 Sitzplätzen und einer Sauer-Orgel (seit 1958 Jehmlich-Orgel). 1906 schufen Rudolf Schilling (1859–1933) und Julius Graebner (1858–1917) den Sakristeianbau. Vom Bombenhagel verschont geblieben, wurde die Kirche 1945 ein Opfer einmarschierender russischer Truppen. Nach dem Wiederaufbau 1955 neu geweiht, war sie noch 46 Jahre im Besitz der St.-Petri-Gemeinde, die sich mit der Dreikönigs-, Martin-Luther- und der St.-Pauli-Gemeinde zum Kirchspiel Dresden-Neustadt zusammenschloss. Ende 2001 verpachtete die evangelisch-lutherische Landeskirche Sachsens die Kirche für 75 Jahre an die Dreieinigkeitsgemeinde der Selbstständigen Evangelisch-Lutherischen Kirche (SELK). Diese Freikirche entstand 1871 durch Abspaltung von der Landeskirche. Die ursprüngliche Gemeinde hat als Mieter Nutzungsmöglichkeiten.

Kirche/Ev.-Luth. Kirchgemeinde Bannewitz:
Kirchplatz 1, 01728 Bannewitz

Ev.-Luth. Kirche

Bezüglich der öffentlichen Verwaltung zum Weißeritzkreis zählend, bildet die evangelisch-lutherische Kirchgemeinde Bannewitz seit 1999 ein Schwesternkirchverhältnis mit Dresden-Leubnitz-Neuostra. Bis zur Auspfarrung am 1. Januar 1902 gehörten die Bannewitzer zur Dresdner Kreuzkirchgemeinde. Das Kirchgebäude wurde 1864 zweigeschossig mit Satteldach als Schulhaus gebaut. Im Jahre 1877 von dieser Nutzung befreit, diente es fortan der Gemeinde als Betsaal, bis sie das Gebäude schließlich 1884 kaufte. Der 1884 an der Längsseite gebaute quadratische Turm (31 Meter hoch, zwei Glocken) vereint Baustilelemente von Neuromantik, Neugotik und Neurenaissance. Die seit den 1970er Jahren vor dem Gotteshaus stehende Betsäule aus dem 16. Jahrhundert befand sich ursprünglich an der »Richtermauer« genannten Mauer von Schloss Nöthnitz. Zwischen 1982 und 1998 komplett renoviert, beherbergt die Kirche 104 Plätze. Über dem Altar befindet sich ein Kruzifixus, dessen geschnitzter Corpus (um 1450) aus einer vogtländischen Kirche stammt. Das einzig erhaltene Buntglasfenster (Hirtenmotiv) stiftete 1927 der Stroh- und Filzhutfabrikant Curt Behrens (1867–1943). In den 1960er Jahren baute die Firma Eule die Orgel mit fünf klingenden Registern (570 Pfeifen).

Kirche. Berggartenstraße 22a
Ev.-Luth. Heilig-Geist-Kirchgemeinde Dresden-Blasewitz: Sebastian-Bach-Str. 13, 01277 Dresden

Ev.-Luth. Heilig-Geist-Kirche

Seit 1480 zur Kreuzkirche gehörend, wurde Blasewitz mit Neugruna am 1. Oktober 1887 zur selbstständigen Parochie erhoben. Die Eingemeindung zur Stadt Dresden erfolgte 1921. Architekt Karl Emil Scherz (1860–1945) errichtete ab 1891 eine reich gegliederte neugotische Saalkirche (Grundsteinlegung 12. Oktober 1891, Weihe 15. Oktober 1893) mit vier Glocken von Albert Bierling und der ersten Orgel der Gebrüder Jehmlich. Nach Entwürfen von Alfred Diethe (1836–1919) und Arthur Thomas schuf u. a. Bruno Carl Urban (1851–1910) die Glasfenster. Der Backsteinbau verfügt über einen schlanken Turm (75 Meter hoch, spitzer Helm mit vier Nebenspitzen), der vor der Nordseite asymmetrisch angeordnet ist. An drei Seiten des vierjochigen Raumes (1.000 Plätze) existieren Emporen. Bei der Innenrestaurierung, die Fritz Steudtner (1896–1986) von 1969 bis 1972 in schlichter Harmonie vollbrachte (Neuweihe 16. November 1969), wurden die prächtige farbige Raumfassung übermalt sowie Altar und Kanzel neu geschaffen. Das 1892 durch Oskar Rassau (1843–1912) geschaffene Kalksteinrelief vom ehemaligen Altar fand in der Brauthalle seinen Platz. Die Eule-Orgel mit 38 klingenden Stimmen (1954) kam 1977 aus der abgetragenen St. Markuskirche in Leipzig-Reudnitz.

Kirche: Merbitzer Str. 6
Ev.-Luth. Kirchgemeinde Dresden-Briesnitz:
Alte Meißner Landstr. 30, 01157 Dresden

Ev.-Luth. Kirche

Die Briesnitzer Kirche ist eins der ältesten Gotteshäuser im Elbtal. Sie entstand nahe dem 1071 erstmals genannten Burgward mit Steinkirche. Die heutige Kirche im 1921 nach Dresden eingemeindeten Ort ist 1273 als spätgotischer Bruchsteinbau mit trutzigem Turm erwähnt (1474 umgebaut, nochmals nach einem Brand 1602 im Renaissancestil). Ihr neugotischer Umbau erfolgte 1881 bis 1882 durch Gotthilf Ludwig Möckel (1837–1915). Statt des Renaissanceturmes wurde ein 76 Meter hoher Turm mit Spitzhelm und vier Ecktürmen errichtet. Die hölzerne Flachdecke ersetzte Möckel durch ein Stern-Netzgewölbe, baute eingeschossige Emporen ein, liquidierte die 1647 von Tobias Weller (gest. um 1665) gebaute Orgel. Die Kirche umfasst 657 Sitzplätze. Aus alter Zeit erhalten geblieben sind: Brüstungsbilder mit Darstellungen aus dem Alten Testament (17. Jh.), eine die Kirche darstellende Tafel (um 1680), Reste gotischer Wandmalerei (um 1474), die Gorbitzer Halle (16. Jh., die frühere Betstube des Kammergutsverwalters), ein Buntglasfenster der Gottesmutter, darüber ein Medaillon mit der Justitia (15. Jh.), Teile eines Marienaltars (um 1510), eine Sandsteintaufe (1595) und Pfarrer-Bildnisse (1648 bis 18. Jh.). Die Orgel (32 Register, 2.115 Pfeifen) hinter dem Prospekt von 1882 baute die Firma von Horst Jehmlich (geb. 1944) im Jahr 1995.

Kirche/Ev.-Luth. Kirchgemeinde St. Michael:
Quohrener Str. 18, 01324 Dresden

Ev.-Luth. St. Michaeliskirche

Die Bewohner des rechtselbischen Ortes Bühlau mit den Ortsteilen Quohren und Neubühlau waren lange Zeit nach Schönfeld eingepfarrt. 1899 errichtete die nunmehr selbstständige evangelisch-lutherische Kirchgemeinde ihre neugotische, mit dem Chor nach Südwesten ausgerichtete Erlöserkirche. Von der Grundsteinlegung am 16. August 1898 bis zur Weihe am 29. Oktober 1899 schuf Architekt Woldemar Kandler (1866–1926) ein Gotteshaus aus Klinkerziegeln mit mittelalterlichen Stilelementen wie Hufeisen- und Treppenfriesen sowie 43 Meter hohem Turm (3 Glocken). Das Kirchenschiff (550 Plätze) mit seiner Holzdecke sowie die hölzerne, mit Lilien bemalte eingeschossige Empore verleihen dem Inneren eine warme Atmosphäre. Die Orgel der Firma Gebr. Jehmlich (zwei Manuale, 23 Register) ist im Original erhalten. Eine der ursprünglichen Glocken, die dem Einschmelzen im I. Weltkrieg entging, schlägt heute in der Dorfkirche von Ruppertsgrün im Vogtland. Seit der Eingemeindung Bühlaus zu Dresden im Jahre 1921 gab es zwei Erlöserkirchen in der Stadt. Dies führte 1949 zur Umbenennung der Bühlauer Kirche in St. Michaeliskirche. 1980 schuf Albrecht Ehnert (1927–2004) drei Buntglasfenster im Altarbereich (Erzengel Michael kämpft gegen den Drachen, Erzengel Rafael und Gabriel) sowie die Paramente.

Gemeindehaus/Ev.-Luth. Paul-Gerhardt-Kirchgemeinde Dresden-Coschütz/Gittersee: Windbergstraße 20, 01189 Dresden

Ev.-Luth. Gemeindehaus

Das 1279/84 erstmals urkundlich erwähnte Coschütz (1921 zu Dresden eingemeindet) gehörte neben 30 anderen Dörfern zuerst zur Bartholomäuskapelle vor dem Wilsdruffer Tor, später zur Kreuzkirche. Durch Auspfarrung entstand am 1. Januar 1897 die vereinigte Kirchgemeinde Gittersee-Coschütz, die ein Streit um den Kirchen-Neubau jedoch am 1. August 1897 wieder trennte. Die Coschützer errichteten 1900 (Richtfest 29. Juni, Weihe 14. Oktober) ihr Pfarrhaus mit Betsaal, der in seiner ursprünglichen Form bis 1955 bestand. In dem 1953 erbauten Glockentürmchen läutet eine der ältesten Glocken Dresdens, die 1490 gegossen wurde (150 Kilo schwer, 63 Zentimeter Durchmesser) und den II. Weltkrieg auf dem sogenannten »Glockenfriedhof« von Hamburg überstand. Seit 1958 ist der Betsaal (70 Plätze) auch mit einer kleinen Orgel (2 Manuale) aus der Werkstatt der Gebrüder Jehmlich ausgestattet. Nach fast 90 Jahren getrennter Wege vereinigten sich die Gemeinden Coschütz und Gittersee am 1. Januar 1987 zur Ev.-Luth. Paul-Gerhardt-Kirchgemeinde Dresden-Coschütz/Gittersee. 1998 wurde die Paul-Gerhardt-Kirchgemeinde zu einer Schwesternkirchgemeinde der Auferstehungskirche Dresden-Plauen.

Kirche: Talstraße 9
Ev.-Luth. Kirchgemeinde Cossebaude:
Käthe-Kollwitz-Str. 6
01462 Dresden

Ev.-Luth. Kirche Cossebaude

Das 1071 erstmals in der so genannten Benno-Urkunde erwähnte Cossebaude (1997 zu Dresden eingemeindet) war bis 1901 Filialgemeinde von Briesnitz. Trotzdem existierte in dem kleinen Straßendorf eine Kapelle (heute Wohnhaus), in der 1441 ein Altar der heiligen Dorothea geweiht wurde. Daneben baute die neu gegründete Gemeinde den leer stehenden Maschinensaal der 1850 errichteten königlich-sächsischen Weinpresse zum Betsaal um. Das Provisorium blieb bestehen. Ab 1999 erfolgte unter Architekt Dr. Gerd Bürger (geb. 1944) der Umbau des Betsaales zur Kirche. Das am 24. Mai 1992 geweihte Gotteshaus verfügt über 200 Plätze, eine einstöckige Empore und die Rühle-Orgel (ein Manual, fünf Register). Einen frei stehenden Glockenturm (3 Bronzeglocken von C. Albert Bierling) errichtete man 1904 auf einem Hügel. Wie überall mussten 1917 zwei Glocken dem »Reichsmilitärfiskus« übereignet werden. Die dritte schmolz man im II. Weltkrieg ein. Mit einem Eisenhartgussgeläut (drei Glocken von Schilling & Lattermann, Apolda) wurde der Turm 1920 auf eine akustisch günstigere Anhöhe hinter das Bethaus umgesetzt. Im 1999 komplett erneuerten Turm (12 Meter hoch) läuten heute drei im gleichen Jahr bei Bachert in Heilbronn neu gegossene Bronzeglocken.

Kirche/Ev.-Luth. Heilandskirchgemeinde Dresden-Cotta: An der Heilandskirche 3, 01157 Dresden

Ev.-Luth. Heilandskirche

Das seit 1903 zu Dresden gehörende Cotta taucht seit 1328 in Urkunden auf und löste sich am 1. Januar 1897 von der Parochie Briesnitz. Schon am 5. Mai 1895 weihte man eine Interimskirche (Fachwerkbau in Kreuzesform mit Emporen, 600 Sitzplätze, Glocke von Bierling, Orgel bei Gebrüdern Jehmlich geliehen) mit einem Altarbild »Auferstandener Heiland« von Karl Gottlob Schönherr (1824–1906). 1905 wurde neben der Interimskirche ein Glockenturm errichtet, der ein von C. Albert Bierling geliefertes Geläut (3 Glocken) aufnahm. Ab 1914 (Grundsteinlegung 7. Juni) entstand mit elfjähriger Unterbrechung bis zur Weihe am 26. Mai 1927 unter Rudolf Kolbe (1873–1947) ein Gotteshaus als verputzter Zentralbau in sachlichen, klaren Formen mit 32 Meter hohem rechteckigen Ostturm. Über dem Turmportal befindet sich ein großer Rundbogen mit einer Christusfigur von Karl Albiker (1878–1961). Der quadratische, seitlich halbkreisförmig ausschwingende Saal (1.000 Sitzplätze) besitzt hohe Fenster, Emporen und Buntglasfenster von 1926/27 (Taufe Christi, Heilung des Gichtbrüchigen). An der schlichten Innengestaltung wirkte der Dresdner Bildhauer Rudolf Born (1882–1969) mit. Die Jehmlich-Orgel (42 Register auf vier Manualen mit 3.000 Pfeifen) stammt aus der Entstehungszeit.

Kirche/Kath. Pfarrei St. Marien:
Gottfried-Keller-Str. 50, 01157 Dresden

Kath. Kirche St. Marien

Im Arbeiterwohnort Cotta begann die katholische Seelsorge auf einer Außenstelle der Hofkirche im Jahre 1906. Noch im gleichen Jahr wurde sie Pfarrei und erhielt die hochgelegene Kirche. Die neuromanische dreischiffige Basilika mit kurzem Querhaus entstand nach Plänen des Paderborner Diözesenbaumeisters Arnold Güldenpfennig (1830–1908) und des Dresdner Architekten Heino Otto (geb. 1869). Von der Grundsteinlegung am 28. August 1905 dauerte es ein Jahr, bis die Kirche am 9. September 1906 konsekriert werden konnte. 1970/71 erneuerte Gottfried Zawadski (geb. 1922), von dem auch die Buntglasfenster und der Kreuzweg stammen, den Innenraum mit 200 Plätzen. Der Putzbau verfügt über einen trutzigen Turm (38 Meter hoch) mit einer Glocke an der Nordostseite, einen Vorbau mit Schmuckgiebel und Arkadenhalle sowie im Westen die hohe Apsis. Die nazarenische Christusfigur (Bronze, Ende 19. Jh.) fand an der Südseite ihren Platz. Das Hauptschiff (Kreuzgratgewölbe) ist durch je vier Säulen mit Würfelkapitellen von den Seitenschiffen getrennt. Die Pietá (Holz, Ende 19. Jh.) und die gefasste Stuckfigur der heiligen Elisabeth (um 1900) entstammen noch der ursprünglichen Ausstattung. Die Jehmlich-Orgel von 1910 verfügt über 13 Register auf 2 Manualen.

Kirche/Ev.-Luth. Kirchgemeinde Eschdorf: Kirchberg 3, 01328 Dresden

Ev.-Luth. St. Barbarakirche

Die 1346 erstmals in den Meißner Matrikeln erwähnte und vermutlich seit 1225 existierende Kirche von Eschdorf gehört zur Ephorie Pirna. Doch Eschdorf wurde 1999 nach Dresden eingemeindet. Der 1348 von Lutold von Turgow und Pfarrer Johann Kotterisch zu Jockrim gestiftete Barbara-Altar machte das Gotteshaus vor der Reformation zu einem Wallfahrtsort. Seit alter Zeit wird am letzten Sonntag im September Kirchweih gefeiert. Sein heutiges Aussehen erhielt das Gotteshaus während der Umbauarbeiten 1886. Architekt Christian Friedrich Arnold (1832–1890) übernahm vom Vorgängerbau den Chor mit Netzgewölbe des 16. Jahrhunderts, erhielt Grabplatten aus dem 17. Jahrhundert und errichtete über der Sakristei den neuromanischen Nordturm (39 Meter hoch). Heute läuten hier vier Glocken. Im gleichen Jahr erhielt der Saal (610 Plätze) den neuen Altar und die Kanzel. Drei Bleiglasfenster zeigen Darstellungen von Christus, Moses und Johannes dem Täufer. Die Orgel wurde 1838 von Christian Gottfried Herbrig eingebaut, ersetzte ein Instrument aus dem Jahre 1658. Den Orgel-Prospekt entwarf Gottfried Semper (1803–1879). Die beiden Orgel-Figuren aus Gips sind Arbeiten von Ernst Rietschel (1804–1861). Als wohl einzige Kirche weit und breit beherbergt sie ein Heimatmuseum.

Kirche: Friedhofstraße
Ev.-Luth. Paul-Gerhardt-Kirchgemeinde
Dresden-Coschütz/Gittersee:
Windbergstraße 20, 01189 Dresden

Ev.-Luth. Paul-Gerhardt-Kirche

Das nach Dresden 1945 eingemeindete Gittersee lässt sich urkundlich bis 1349 zurück verfolgen. Kirchlich früher zu Döhlen gehörend, wurde nach Auspfarrung und Zusammenschluss mit Altcoschütz am 1. Januar 1897 eine eigene Gemeinde gebildet (Trennung im gleichen Jahr). Schon 1887 hatten die Bewohner von Gittersee einen Betsaal im »Fiedlerschen Gut« eingerichtet. Am 12. Dezember 1897 erfolgte die Weihe der von Woldemar Kandler (1866–1929) in historistischen Formen erbauten Parentationshalle, die fortan allen gottesdienstlichen Handlungen diente. Die um den Chorraum und einen an der Nordwestseite eingezogenen Turm (ca. 14 Meter hoch) mit Zeltdach für das Geläut (3 Glocken) erweiterte Friedhofshalle (120 Plätze) wurde am 11. November 1928 zur Kirche geweiht. Das alte Orgelharmonium (1929) konnte 1951 durch eine Orgel der Firma Jehmlich (2 Manuale) ersetzt werden. Am 1. Januar 1987 vereinigten sich die Gemeinden Gittersee und Coschütz zur Ev.-Luth. Paul-Gerhardt-Kirchgemeinde Dresden-Coschütz/Gittersee. Der im sächsischen Gräfenhainichen geborene Pfarrer Paul Gerhardt (1607–1676) ging als bedeutender Kirchenlieder-Dichter in die Geschichte ein. Seit 1998 zählt man als Schwesternkirchgemeinde zur Auferstehungskirche Dresden-Plauen.

Kirche/Evangelisch-Lutherische Philippus-Kirchgemeinde Dresden-Gorbitz: Leutewitzer Ring 75, 01169 Dresden

Ev.-Luth. Kirchgemeinde-zentrum Philippuskirche

Als ab 1981 am Elbhang westlich der Kesselsdorfer Straße auf einer 2,2 Quadratkilometer großen Ackerfläche Dresdens neuer Stadtteil Gorbitz (15.000 Wohnungen für 45.000 Menschen) in monotoner WBS 70-Großplattenbauweise entstand, war kein Gotteshaus vorgesehen. Erst nach zahlreichen Kämpfen, Provisorien und Errichtung der selbstständigen Gemeinde am 1. Juli 1988 (Namensgebung Philippus-Kirchgemeinde am 1. Januar 1991) konnte am 28. September 1990 der Grundstein für ein Gemeindezentrum gelegt werden. Unter Leitung von Architekt Ulf Zimmermann (geb. 1937) entstand bis zur Weihe am 31. Mai 1992 ein moderner Bau, der sich durch sein rotes Sichtmauerwerk deutlich von den umgebenden Plattenbauten abhebt. Vorbei am 21 Meter hohen Glockenturm (drei Glocken) gelangt man in das Foyer, von dem links der Kirchsaal mit 120 Plätzen und ein Raum mit 75 Plätzen (kombinierbar) abzweigen. Den Kirchsaal schmücken Farbglasfenster von Gertraude und Jürgen Seidel sowie ein Gobelin von Rosemarie und Werner Rataiczyk. Auf der rechten Seite befinden sich u.a. Kanzlei und Gruppenräume. Das Obergeschoss beherbergt das Musikzimmer, die Orgel-Empore mit der Klop-Orgel (Truhenorgel, 330 Pfeifen), Bibliothek und eine Dienstwohnung.

Kapelle: Uthmannstraße 26
Evangelisch-Lutherische Philippus-Kirchgemeinde Dresden-Gorbitz: Leutewitzer Ring 75, 01169 Dresden

Ev.-Luth. Kapelle

Die Gorbitzer Kapelle verdankt ihre Entstehung Emil Christian Fürchtegott Höhne (1843–1925), der am 1. Mai 1872 in Obergorbitz die Diakonenbildungsanstalt mit Rettungshaus für schwer erziehbare Kinder gründete. Das Gotteshaus mit kleinem Glocken-Turm konnte am 1. Advent 1879 geweiht werden. Nach dem Verkauf des Diakonenhauses an Obergorbitz erfolgte 1899 in Moritzburg die Neugründung als »Evangelisch-Lutherisches Diakonenhaus Moritzburg«. Für die Gorbitzer, die zur Briesnitzer Kirche gehörten, war die Kapelle Keimzelle einer eigenen Gemeinde. Am 1. Februar 1898 wurde die Kapelle Predigtstätte für den Briesnitzer Seelsorgebezirk Gorbitz. Zum Jahresanfang 1912 pfarrte man die Orte Obergorbitz, Niedergorbitz, Gompitz, Pennrich, die Gutsbezirke Gorbitz und Pennrich sowie den Stadtteil Dresden-Wölfnitz aus der Parochie Briesnitz aus und erhob sie zur selbstständigen Kirchgemeinde Gorbitz. Den Gottesdienstraum mit Emporen (150 Plätze) zieren an der Altarseite zwei Bleiglasfenster von Karl Schulz (1921) und eine Rosette (1925). Zur Ausstattung der Kapelle gehören die von Bernhard Wagner (1834–1906) angefertigte Kopie »Die Kreuztragung Christi« nach Paolo Veronese (1528–1588) sowie eine 1914 installierte und 1956 erweiterte Jehmlich-Orgel (11 Register, 762 Pfeifen).

Kirche: Bodenbacher Straße/Ecke Beilstraße
Ev.-Luth. Thomaskirchgemeinde Dresden-Gruna:
Bodenbacher Straße 24, 01277 Dresden

Ev.-Luth. Thomaskirche

Gruna, 1370 erstmals urkundlich erwähnt, zur Kreuzkirchgemeinde gehörend und 1901 nach Dresden eingemeindet, legte am 8. Oktober 1891 den Grundstein für eine Kirche. Diese hatten Kommerzienrat Julius Rothermundt und Eva Rosine Beil aus Gruna gestiftet. Der Dresdner Architekt Christian Gottfried Schramm (geb. 1857) errichtete das Gotteshaus für 34000 Mark bis zur Weihe am 31. August 1892 als neugotischen Verblendziegelbau. Am 1. Januar 1908 erfolgte die Auspfarrung von Gruna aus der Kreuzkirchgemeinde und die Namensgebung der Thomaskirchgemeinde. Ein großzügiger Erweiterungsbau von 1932 verdoppelte die Zahl der Sitzplätze auf 500 (heute 350). In der Nacht vom 13. zum 14. Februar 1945 durch Bomben vernichtet, konnte die Thomaskirche als erste kriegszerstörte Kirche Dresdens nach 5-jährigem Aufbau am 29. Oktober 1950 wieder geweiht werden. Am Altar führte Edmund Moeller 1932 bis 1934 zwei Reliefs in Untersberger Marmor aus. Helmar Helas (1914–1981) schuf das Altarfenster und die Kanzel (1955). Taufschale und Taufbecken stammen aus der Kirche des Ehrlich'schen Gestifts. Die heutige Jehmlich-Orgel von 1952 hat zwei Manuale und ein Pedal mit 1.016 klingenden Pfeifen. Die drei Gussstahl-Glocken wurden 1921 in Bochum gegossen.

Kirche: Kirchgasse 6
Ev.-Luth. Kirchgemeinde Dresden-Hosterwitz-Pillnitz: Kirchgasse 6, 01326 Dresden

Ev.-Luth. Kirche Maria am Wasser

Schon kurz nach der Christianisierung des Gaues Nisan soll in Hosterwitz ein Vorgängerbau der heutigen Kirche errichtet worden sein. Als 1406 erstmals ein Pfarrer erwähnt wurde, stand dieser Bau wohl schon 200 Jahre. 1495 ließ Dionysius von Carlowitz die Kirche als spätgotischen Hallenbau errichten, die Papst Martin V. auf den Namen der Gottesmutter konfirmierte. Während umliegende Ortschaften nach Dohna eingepfarrt waren, gehörten die Einwohner von Hosterwitz mit ihrer Gemeinde zur Dresdner Frauenkirche. Später erlangte Maria am Wasser als Wallfahrtskirche für die Elbschiffer Bedeutung. Nahe der Kirche befand sich eine Furt, zu deren Überquerung Kähne entladen und von den Bomätschern (Treidlern) über diese seichte Stelle gezogen werden mussten. Die Unterbrechung der Fahrt nutzten die Schiffsleute zur Andacht. Nach der Reformation bildeten Nieder- und Oberpoyritz, Söbrigen, Pillnitz und der Rockauer Grund mit Hosterwitz ein Kirchspiel. Später stand die Kirche unter dem Patronat der Schlossherrschaft von Pillnitz. Es ist ein Irrtum, dass die Mätresse Augusts des Starken (1670–1733), Anna Constantia Gräfin von Cosel, geb. Brockdorf, gesch. Hoym (1680–1765), ab 8. Dezember 1707 Patronin der Kirche gewesen sein soll. Sie war es nur für die Pillnitzer Weinbergkirche. In der ersten Hälfte des 17. Jahrhunderts erfolgten

Veränderungen am Westgiebel. Zwischen 1704 und 1774 fanden barocke Erweiterungen des bis zur Wetterfahne 27 Meter hohen, verputzten Bruchsteinbaus (u. a. Dachreiter mit Zwiebeltürmchen, Hauptportal, Eingangsbau zur Sakristei, Patronatsloge) statt. Der helle Saal (382 Plätze) mit flacher Putzdecke verfügt über zweigeschossige Emporen an der Nord- und Südseite und die eingeschossige Orgelempore. Ein kleines polygromes Fensterbild im südlichen Chorfenster von 1555 stellt die Kreuzigung dar. Die drei Buntglasfenster im Chor werden auf 1896 datiert. Im Portikus-Kanzelaltar von 1930 eingearbeitet ist die Predella (Abendmahlsdarstellung) des 1664 von Abraham Conrad Buchau (1623–1701) gebauten Sandsteinaltars. Die Holztaufe, 1786 von Dost aus Oberlungwitz für die Kirche in Lichtenhain geschaffen, kam 1930 nach Hosterwitz. Die 1863 von Urban Kreutzbach gebaute Orgel mit klassizistischem Prospekt hat 18 Register. Drei der heute vier Bronzeglocken wurden 1993 bei Rincker in Sinn/Hessen gegossen.
Malerisch an der Elbe gelegen, ist die Saalkirche von Hosterwitz (1950 zu Dresden eingemeindet) eine beliebte Hochzeitskirche. Ab 17. August 2002 hatte der Fluss das uralte Gotteshaus während der Jahrtausendflut vier Tage lang zwei Meter hoch unter Wasser gesetzt. Dank unzähliger Helfer, Spender und Zuwendungen konnte die Kirche schon am 31. August 2003 wieder geweiht werden.

Kapelle: Dresdner Straße 149
Kath. Pfarr-Vikarie St.-Petrus-Canisius Dresden-Pillnitz: Dresdner Str. 66, 01326 Dresden

Kath. Kapelle Maria am Wege

Als ein Zeugnis wettinischer Frömmigkeit ließ Prinz Georg von Sachsen (1832–1904), der 1902 bis 1904 als König regierte, ab 1877 die »Maria am Wege« genannte Kapelle errichten. 1864 hatte er das Grundstück erworben und darauf auch ein Landhaus gebaut. Der Kapellen-Entwurf stammt von dem k. k. Baurat Joseph Rokita (1811–1887) aus Innsbruck. Dieser war auch Architekt der Königskapelle im österreichischen Imst-Brennbichl, die an den bei einem Unfall getöteten König Friedrich August II. von Sachsen (1797–1854) erinnert. Am 15. August 1878 wurde das kleine neogotische Gotteshaus in Hosterwitz auf den Namen »Mariä Himmelfahrt« geweiht. Bald hatte sich jedoch der Name »Maria am Wege« eingebürgert und fand Aufnahme in katholischen Verzeichnissen, obwohl die Benediktion anders lautet. An den fast quadratischen Innenraum schließt sich der halbrunde erhöhte Altarraum an. Der Raum für die Gottesdienste mit Kreuzrippengewölbe und zierlicher orientalischer Ornamentik bietet 20 Plätze. Von Anna Maria Freiin von Oer (1846–1928) stammt das Altarbild »Maria mit dem Jesuskind« (Abschluss des Bildprogramms der Wurzel Jesse). Die Fenster sind mit Engelsdarstellungen, Schutzheiligen und Namenspatronen des Stifters sowie seiner Familie gestaltet, so im Mittelfeld der heilige Georg mit dem Drachen, darunter das herzoglich-sächsische Wappen und der Wahlspruch der katholischen Wettiner »Providentiae memor – der Vorsehung eingedenk«.

Kirche: Altkaditz 27
Ev.-Luth. Laurentiuskirchgemeinde Kaditz/
Pieschen: Homiliusstraße 15, 01139 Dresden

Ev.-Luth. Emmauskirche

In dem im Jahre 1269 urkundlich manifestierten Kaditz (seit 1903 zu Dresden gehörig) steht unweit der 1000-jährigen Linde eine Kirche an der Elbe. In Aufzeichnungen des Jahres 1273 wird erwähnt, dass die Kapelle dem heiligen Laurentius geweiht sei. An diese früheste Zeit erinnert noch heute ein gotisches Kreuzgewölbe mit Laurentius-Darstellung im Schlussstein. Als Kaditz um 1600 geistliches Zentrum der umliegenden Orte wurde, baute man die Kapelle zur Kirche um. Zwischen 1750 und 1756 kam für die gewölbte Stuckdecke eine hölzerne hinein und Gottfried Knöffeler (1715–1779) schuf die Apostelfiguren Paulus und Petrus für den Kanzelaltar. Zwischen 1869 und 1887 erfolgte die neugotische Umgestaltung: mit einem 44,50 Meter hohen Turm (Gebrüder Ziller), Treppentürmen, zwei Emporen im 1.000 Sitzplätze fassenden Kirchenschiff und Altarfenstern aus Buntglas (vier Evangelisten). Palmarum 1904 erhielt der verputzte Bruchsteinbau den Namen Emmauskirche. Als Ersatz für die in den Weltkriegen eingeschmolzenen drei Glocken (1869 von Johann Gotthelf Große) bekam die Kirche 1948 zwei aus der Sophienkirche (1676, 1677) und eine 1973 in Apolda gegossene. Die 1888 von Karl Eduard Jehmlich (1824–1889) gebaute Orgel wurde 1991 durch eine mit 1.296 Pfeifen der Firma Jehmlich aus Dresden ersetzt.

Kirche/Ev.-Luth. Stephanuskirchgemeinde Dresden-Zschachwitz: Meußlitzer Str. 113, 01259 Dresden

Ev.-Luth. Stephanuskirche

Die Anfänge gehen auf den »Kirchlichen Verein« zurück, der sich am 28. Oktober 1879 gründete. Die Turnhalle der örtlichen Schule wurde am 24. Oktober 1880 als Betsaal mit einem Gottesdienst eingeweiht. Am 1. August 1897 trennten sich Klein- und Großzschachwitz, Meußlitz, Sporbitz sowie Zschieren von Dohna ab und vereinigten sich zur selbstständigen Parochie. 1899 konnte man die Turnhalle und zwei angrenzende Schulgebäude kaufen, die seit 1901 nur noch kirchlichen Zwecken dienten. Erst am 3. August 1947 wurde der Name »Stephanusgemeinde« verliehen. Das schlichte Kircheninnere (200 Plätze) weist mit seinem hölzernen Tonnengewölbe und der Metallverspannung bis heute auf die Grundkonzeption einer Turnhalle hin. Über dem vorgezogenen Altartisch dominiert das zentrale Holzkreuz mit der geteilten vertikalen Inschrift »Kommet her zu mir alle« von Hermann Glöckner (1889–1987). Brigitta Großmann-Lauterbach (1923–1965) schuf die Holzbildhauerarbeiten wie die Traustühle. 1974 eingebaut, verfügt die Jehmlich-Orgel über 12 Register auf 2 Manualen mit 896 klingenden Pfeifen. Helmar Helas (1914–1981) entwarf das Buntglasfenster »Mose am brennenden Dornenbusch«. Die drei Bronzeglocken wurden 1897 von Bierling in Dresden gegossen.

Kirche/Pfarrei »Heilige Familie«: Meußlitzer Str. 108, 01259 Dresden

Kath. Kirche Heilige Familie

Der linkselbische Stadtteil östlich des Lockwitzbaches ist 1310 erstmals urkundlich erwähnt worden und kam 1921 durch Eingemeindung zu Dresden. Für die Katholiken weitab vom Stadtzentrum gründete 1924 die Pfarrei Dresden-Johannstadt in Zschachwitz eine Lokalkaplanei. Die in einem Holzschuppen eingerichtete Notkirche war 1926 fertig. 1937 zur Pfarrei erhoben, schuf sich die Gemeinde 1953 durch Umbau eines alten Sägewerkes neue Räume. Erst 1978 bis 1981 konnte sie unter Leitung des Architekten Hubert Paul (geb. 1933) in 30.000 freiwilligen Arbeitsstunden das neue Zentrum mit Kirche, Werktagskapelle und Gemeinderäumen errichten. Am 27. September 1981 weihte Bischof Gerhard Schaffran (1912–1996) das moderne Gotteshaus (Kirchsaal mit 40 Plätzen) ein. Die Rühle-Orgel von 1967 hat sechs Register auf einem Manual mit 498 Pfeifen. An Interieur ist besonders eine Kreuzigungsgruppe erwähnenswert, die früher in der Kapelle des Wettiner-Jagdschlosses Rehefeld im Osterzgebirge stand. Sie ist ein Geschenk von Prinzessin Mathilde von Sachsen (1863–1933), der Tochter König Georgs von Sachsen (1832–1904). Im Pfarrhof befindet sich als außergewöhnliche Attraktion ein begehbares Labyrinth (2001 angelegt, 7 Meter Durchmesser).

Kirche: Altklotzsche 63a
Ev.-Luth. Kirchgemeinde Dresden-Klotzsche:
Gertrud-Caspari-Str. 12, 01109 Dresden

Ev.-Luth. Kirche/Alte Kirche

Das 1309 erwähnte Dorf Klotzsche (1935 Stadtrecht, seit 1950 zu Dresden gehörend) war bis 1321 in die Frauenkirche eingepfarrt, hatte jedoch eine eigene Kapelle. 1321 gestattete Bischof Withego II. die Trennung von der Muttergemeinde. Der älteste Kern der klassizistischen Saalkirche mit quadratischem Dachreiter von 1810/11 geht auf das 14. Jahrhundert zurück. Vom Flügelaltar (um 1500) erhielten sich nach dem Dorfbrand 1802 nur drei hölzerne Schreinfiguren (zwei Pilger, eine weibliche Heilige mit Kette). Nach dem Wiederaufbau am 3. November 1811 neu geweiht, bewahrte die Kirche bis heute ihre Form. Der verputzte Bruchsteinbau beherbergt im Osten die Sakristei. Zum Geläut gehören zwei Bronzeglocken (1834 von Schrottel in Dresden, 1962 von Schilling in Apolda gegossen). Das Kirchenschiff (300 Plätze) verfügt an drei Seiten über zweigeschossige Emporen. Der Kanzelaltar aus Holz aus der Erbauungszeit ist weiß-gold gefasst. Das Altarkruzifix (um 1800) hat einen Alabaster-Sockel. In den Orgelprospekt mit vergoldeten Schleierbrettern und Gloriole mit Gottesauge bauten die Gebrüder Jehmlich 1913 ein neues Werk, das 1988/89 Johannes Schubert (1925–1995) um eine Stimme erweiterte (12 Register auf zwei Manualen, 1.020 Pfeifen).

Kirche: Boltenhagener Platz 3
Ev.-Luth. Kirchgemeinde Dresden-Klotzsche:
Gertrud-Caspari-Str. 12, 01109 Dresden

Ev.-Luth. Christuskirche

Die im Stil der Neurenaissance mit Jugendstilelementen errichtete Kirche steht im Ortsteil Königswald. Seit der Reformation mit Wilschdorf verbunden und zu der 1821 gebildeten Ephorie Radeberg gehörend, erhielt Klotzsche am 1. April 1894 seine kirchliche Selbstständigkeit. Die Kirche (seit 1925 Christuskirche) mit 52 Meter hohem Turm wurde seit der Grundsteinlegung am 3. Oktober 1905 von Woldemar Kandler (1866–1929) als Ziegelbau mit Rauputz gebaut und am 17. März 1907 geweiht. Das Hauptportal aus Sandstein ist u.a. mit dem Pelikan als Christussymbol, mit dem Kreuz mit Lutherrose und dem dornengekrönten Christus verziert. 500 Plätze fassend, hat der Zentralraum ein netzartiges Rippengewölbe, eine flache Hängekuppel und an drei Seiten Emporen. Der Altar mit dreiteiligem Aufsatz aus grauem Stuckmarmor stammt von Carl Hauer, das große Altarwandbild »Kreuzigung« (Kaseinfarben auf Putz) von Osmar Schindler (1869–1927), die Kunstverglasung von Bruno Urban (1851–1910). Am Chorbogen steht die weiße Marmorfigur des segnenden Christus, die Johannes Schilling (1828–1910) im Jahre 1859 schuf. Die Jehmlich-Orgel mit Erlenholzprospekt verfügt über 28 Stimmen auf 2 Manualen mit 2.380 Pfeifen. Zum Gussstahl-Geläut (1920) gehören vier Glocken.

Kirche und Pfarramt:
Darwinstraße 19, 01109 Dresden

Kath. Kapelle Zum heiligen Kreuz

Ende des 19. Jahrhunderts entstand neben dem Bauerndorf Klotzsche der Luftkurort Klotzsche-Königswald. Seit 1919 feierten Geistliche der Hofkirche und der Neustädter Franziskus-Xaverius-Kirche im Kurhaus die Heilige Messe. Erstmals im Jahr 1928 versammelten sich die Katholiken von Klotzsche in der um 1900 errichteten »Villa Odin« zum Gottesdienst. Sie gehörte dem in Mexiko lebenden Fabrikanten Harzer. Dass dieses Treffen dort stattfand, verdankten sie den in der Villa in Klausur lebenden Klarissen-Kapuzinerinnen aus dem Mutterhaus Vaals (Niederlande), die hier eine Niederlassung gründeten. Am 1. Oktober 1938 wurde von der Hofkirche aus die Pfarrvikarie »Zum heiligen Kreuz« errichtet, das Erdgeschoss der Villa für gottesdienstliche Zwecke umgebaut und am 11. Dezember 1938 geweiht. 1947 verzogen die heute im Odenwald lebenden Klarissen nach Oberzell bei Würzburg. Die Vikarie übernahm die Villa, welche 1958 den Status einer Pfarrei erhielt und bis 31. März 1975 von Franziskanern betreut wurde, die hier ein Kloster entwickelt hatten. Über dem Altar hängt ein Oberammergauer Kruzifix. Das Tabernakel erinnert mit dem franziskanischen Kreuz an die einstigen Bewohner. Den Marien-Altar ziert eine sehr schöne Kopie der Ravensburger Madonna. Der etwa 100 Plätze umfassende Gemeindesaal besitzt eine kleine Jehmlich-Orgel.

Kirche/Ev.-Luth. Kirchgemeinde Langebrück: Kirchstraße 46, 01465 Dresden

Ev.-Luth. Kirche

Bereits 1288 ist die 1999 nach Dresden eingemeindete Ortschaft erstmals erwähnt. Mindestens so alt wird auch die Kirche geschätzt, die zwei uralte Glocken (wohl zwischen 1350 und 1450 gegossen) im achteckigen Dachreiter beherbergt. Ursprünglich zum Sprengel Radeberg gehörend, machte Kurfürst August (1526–1586) Langebrück mit Wirkung vom 28. August 1558 zur selbstständigen Pfarre. Umbauten an der Kirche erfolgten 1682, 1725 und 1750 (nach Bränden), 1929 durch Rudolf Kolbe (1873–1947, Anbau Apsis mit Turm), 1949 bis 1954 und 1974 bis 1982. Im Jahre 1983 gab Gottfried Zawadzki (geb. 1922) dem Altarraum (200 Plätze) sein heutiges Aussehen, mit Hängekreuz aus Gasbeton, dem Kreuzweg (16 Stationen, Vierfarb-Holzschnitte), der Taufe mit getriebenem Kupferbecken, die von einer Hand getragen wird. Auch die acht 1983 bis 1987 entstandenen Bleiglasfenster (»Heilige Taufe«, »Heiliger Geist«, »Heiliges Abendmahl« bzw. »Eucharistie«, »Weinstock – Reben«, »Das Lamm«, »Die sieben Posaunenengel Gottes«, »Chor der Engel« und »Himmlisches Jerusalem«) schuf man nach seinen Vorlagen. Die Jehmlich-Orgel (15 Register, 912 Pfeifen) wurde 1905 eingebaut. Das heutige Geläut besteht aus zwei Klangstahlglocken (1920, Lauchhammer AG) und der Bronzeglocke von der St. Georgen-Kirche in Schwarzenberg (1878, Firma Große in Dresden).

Kirche/Ev.-Luth. Christophorus-Kirchgemeinde Dresden Laubegast: Hermann-Seidel-Str. 3, 01279 Dresden

Ev.-Luth. Christophorus-Kirche

Der linkselbische Stadtteil (1408 erstmals erwähnt) wurde 1921 nach Dresden eingemeindet. Zur Himmelfahrtskirchgemeinde Dresden-Leuben gehörend, trafen sich die Laubegaster seit den 1950er Jahren in dem schlichten Gemeinderaum über einer Tischlerei an der Leubener Straße. Mit der Herauslösung aus der Himmelfahrtskirchgemeinde und der rechtlichen Verselbstständigung 1994 gab sich die Kirchgemeinde den Namen »Christophorus«. Am 6. Mai 1995 wurde der Grundstein für eine eigene Kirche mit Gemeindezentrum gelegt. Die Architekten Jörg (geb. 1953) und Horst Engert (geb. 1959) errichteten bis zur Weihe am 7. Mai 1996 einen modernen zweigeschossigen Bau mit Glasfassade und Walmdach, der neben dem Kirchenraum mit Emporen an allen vier Seiten (200 Plätze) auch Räume für die Gemeindearbeit, Verwaltungsräume, einen Gartensaal und eine Küche beherbergt. Der Herrnhuter Altartisch, das Lesepult und die 1970 gebaute Jehmlich-Orgel (5 Register, 495 Pfeifen) wurden aus dem Interims-Gemeinderaum übernommen. Das Christophorus-Gemälde schuf Eberhard von der Erde (geb. 1945).

Kirche/Ev.-Luth. Himmelfahrtskirchgemeinde Leuben: Altleuben 13, 01257 Dresden

Ev.-Luth. Himmelfahrtskirche

Das 1921 nach Dresden eingemeindete Leuben ist 1286 als Lipen erstmals erwähnt. Zum Leubener Kirchsprengel (1362 Pfarrei erwähnt, Kirche vor 1512 gebaut, heute bis auf den Turm abgetragen) gehörten auch Laubegast, Seidnitz, Tolkewitz, Niedersedlitz, Dobritz und Teile von Reick. Von der Grundsteinlegung am 8. Mai 1899 bis zur Weihe am 16. Mai 1901 errichtete Karl Emil Scherz (1860–1945) die Himmelfahrtskirche. Der späthistoristische Sandsteinbau (in den Formen des 13. Jh.) besitzt einen 75 Meter hohen Turm. Von Julius Schultz ausgemalt, verfügt der Raum mit vierjochigem Kreuzrippengewölbe und Emporen über 1.000 Plätze. H. Hasenohr und W. H. Weinhold schufen Altar (Cottaer Sandstein), Kruzifix und Kanzel. Alexander Linnemann entwarf das Ostfenster, das die Himmelfahrt Christi darstellt. Aus der Dorfkirche sind die Sandsteintaufe (1610), Buntglasfenster mit der heiligen Anna, mit einer Wappenscheibe (1512) und mit der Anbetung der Heiligen Drei Könige (um 1825) erhalten geblieben. Das Sandsteinepitaph für Hans von Dehn-Rothfelser (gest. 1561) von Christoph Walther II. (1534–1584) befand sich früher in der alten Frauenkirche. Die Eule-Orgel (1901) verfügt über 37 Register und 2.241 Pfeifen. Das Geläut aus vier Stahlgussglocken (Bochumer Verein für Bergbau und Gussstahlfabrikation) begleitet die Gemeinde seit 1922.

Kirche: Am Klosterteichplatz
Ev.-Luth. Kirchgemeinde Leubnitz-Neuostra:
Menzelgasse 2, 01219 Dresden

Ev.-Luth. Kirche

Als eine der ältesten Dorfkirchen mit reichem Bilderschmuck ist das Gotteshaus in Leubnitz-Neuostra (1233 als Lubnici erwähnt, 1921 zu Dresden eingemeindet) erhalten. Von der 1288 erstmals genannten Kirche wird vermutet, dass sie schon in der ersten Hälfte des 10. Jh. durch böhmische oder fränkische Missionare geweiht wurde. Sie vereint eine stilgeschichtliche Vielfalt, die von der Romanik bis zum Barock reicht: der Westturm mit 1,40 Meter dicken Mauern (41 Meter hoch, vor 1188 wohl als Wehr- und Schutzturm errichtet), das Langhaus (Spätgotik, 1430/37), der Chor (um 1511) und der barocke Nordanbau (1720/21). Im flach gedeckten Kirchensaal (550 Plätze) beeindrucken die von Gottfried Lucas 1667 bis 1673 mit biblischen Szenen (u.a. Hölle, Auferstehung, Aufnahme der Seelen in Gottes Reich, Christus auf dem Regenbogen, Engel mit Leidenswerkzeugen, 13 Apostel, neun Engel) sowie dem Dresdner Stadt- und dem sächsischen Kurwappen reich bemalten Felder an Emporenbrüstung und Kassettendecke. Der Einbau der Nöthnitzer Betstube erfolgte 1652 durch die Familie des Oberhofmarschalls Heinrich von Taube aus Nöthnitz. Der barocke Sandsteinaltar (Relief mit gekreuzigtem Christus, trauernder Maria und Magdalena) ist eine Arbeit von Johann Christian Ebhardt († 1739) und Johann Bernhard Reinboth aus dem Jahre 1730/31. Vermutlich von Martin Beudener stammt der polygonale Kanzelkorb auf Säulenschaft mit Metopenfries (1577). Der Schalldeckel stammt von 1622. Einen besonderen Blick-

punkt bildet zwischen Kanzel und Altar ein prachtvolles über Eck ausgeführtes Epitaph aus Sandstein, Marmor, Stuck und Holz. Es wurde vermutlich 1726 von Johann Christian Kirchner (1691–1732) für den Architekten Johann Friedrich Karcher (1650–1726) und dessen Familie (Ehefrau Catharina Elisabeth, † 1716, und Tochter Eleonore, † 1730) gestaltet. In der Kirche sind weitere Epitaphe von hohem regionalgeschichtlichen Interesse (u.a. Familien von Allnpeck auf Lockwitz, Gerlach, Mais) vorhanden.

Die Ursprünge der im Turm stehenden Orgel sind im 16./17. Jh. zu suchen. David Schubert (um 1720–1792) schuf 1754–1763 den reizvollen Rokoko-Orgelprospekt, der heute eine Jehmlich-Orgel von 1905 (29 klingende Pfeifen auf zwei Manualen und Pedal) beherbergt. Die Holztaufe im Stil der Neurenaissance stammt von 1840. Das Geläut besteht aus drei Glocken (Bruno Pietzel 1922, Franz Schilling & Söhne 1927 sowie 1949). Der als Bibliothekar auf Schloss Nöthnitz wirkende Altertumsforscher Johann Joachim Winckelmann (1717–1768) sowie der Prohliser Bauernastronom Johann Georg Palitzsch (1723–1788), sein Grab befindet sich auf dem Leubnitzer Friedhof, waren dieser Kirche sehr verbunden.

Kirche: Altlockwitz 2
Ev.-Luth. Schlosskirch-Gemeinde Dresden-Lockwitz: Tögelstraße 1, 01257 Dresden

Ev.-Luth. Schlosskirche

Dresdens einzige ev.-luth. Kirche, die mit einem Schloss baulich verbunden ist, befindet sich im 1288 urkundlich erwähnten Lockwitz (seit 1930 zu Dresden gehörig). Die Geschichte von Schloss und Kapelle dürfte bis ins 13. Jahrhundert zurückreichen. Hofmarschall Hans Georg von Osterhausen (seit 1620 Schlossbesitzer, † 1627) renovierte die nach der Reformation ungenutzte Kapelle und gründete nach Auspfarrung aus der Parochie Leubnitz am 11./12. Oktober 1623 die Kirchgemeinde. Zwischen 1699 und 1703 ließ Gotthelf Friedrich von Schönberg (ab 1690 Rittergutsbesitzer, † 1726) die Kirche im Barockstil umbauen (u. a. 37 Meter hoher Turm mit Barockhaube). Das Kirchweihfest wird seit diesem Umbau am Pfingstsonntag gefeiert. Der vierjochige Raum mit 400 Plätzen verfügt über zweigeschossige Emporen, die Orgelempore und über die Patronatsloge mit zwei gemalten Epitaphien. Der ebenfalls auf ein Epitaph von 1627 zurückgehende Altar bekam 1823 zwei zusätzliche Reliefs seitlich angefügt. Die Holzkanzel stammt vom Ende des 17. Jh. Zur Taufschale aus Zinn (1622) kam 1823 eine Holz-Taufe. Mit Pfeifen der Vorgänger-Orgel von Schröter/Jahn bauten die Gebrüder Jehmlich 1941 ein neues Instrument (23 Register, 1.284 Pfeifen). Die drei Stahlgussglocken wurden 1925 in Bochum gegossen.

Kirche: Wernerstraße 32
Ev.-Luth. Kirchgemeinde Frieden und Hoffnung Dresden: Clara-Zetkin-Str. 30, 01159 Dresden

Ev.-Luth. Friedenskirche

1068 als Liubitowa erstmals erwähnt, kam Löbtau 1903 zu Dresden. Für Löbtau und Naußlitz fand erstmals am 5. September 1875 an der Wernerstraße ein Gottesdienst statt. Als Betsaal diente ab 1879 eine auf die örtliche Schulturnhalle aufgesetzte Etage. 1891 wurde die Gemeinde aus der Kreuzkirche ausgepfarrt. Bereits zwei Jahre zuvor – am 14. Oktober 1889 – hatte man begonnen, nach dem Entwurf von Christian Friedrich Arnold (1832–1890) eine gotisierende (Details romanisierend) einschiffige Anlage (1.000 Sitzplätze, 62 Meter hoher Turm, heute ohne Spitze) zu errichten. Geweiht wurde die Kirche am 6. Oktober 1891.

1945 brannte sie aus. Eine hölzerne Notkirche von Otto Bartning (1883–1959) mit 450 Plätzen wurde in die Ruine eingebaut, am 18. Dezember 1949 wurde sie geweiht. Aus der alten Kirche konnten u. a. der geschnitzte Taufstein und das Lesepult (Eichenholz) gerettet werden. Der neugotische Altar mit Alabasterrelief (Szene der Kreuztragung) von Sebastian Walther (1576–1645) stammt aus der Sophienkirche. Das zum Epitaph der Gertrud Helffrich († 1629) gehörende Relief wurde beim Umbau der Sophienkirche 1868 in den Sakristeialtar eingefügt. Die wohl 1901 von Richard Kreutzbach (1839–1903) gebaute Orgel mit 8 Registern kam vom Seminar Frankenberg. Das Geläut besteht aus drei Stahlgussglocken (Bochum, 1920).

Kirche/Ev.-Luth. Kirchgemeinde Frieden und Hoffnung Dresden: Clara-Zetkin-Str. 30, 01159 Dresden

Ev.-Luth. Hoffnungskirche

Nachdem die Löbtauer Friedenskirchgemeinde auf 43.000 Mitglieder angewachsen war, trennte man am 1. Januar 1915 die ev.-luth. Hoffnungsparochie ab. 1899 war das Grundstück für die Errichtung einer eigenen Kirche gekauft worden. Doch erst 1935 (Grundsteinlegung 27. Juni) konnte mit dem Bau des Gemeindehauses begonnen werden. Architekt Rudolf Kolbe (1873–1947) schuf bis zur Weihe am 31. Mai 1936 ein Gebäude mit hohem Ziegeldach, Fensterwand an der Südseite, Rundbögen als Gestaltungselement und 500 Plätzen im Kirchsaal. Die Orgel (24 Register, 1.344 Pfeifen) lieferte 1936 die Firma Jehmlich. 1986 kam eine zweite Jehmlich-Orgel (8 Register, 448 Pfeifen) hinzu. 1937 wurden im freistehenden Glockenturm im Garten (ca. 20 Meter hoch) drei Bronzeglocken geweiht. Zwei 1941 konfiszierte Glocken des Geläuts wurden 1948 durch drei Stahlglocken aus der Johanniskirche ersetzt. Ein für 1938 geplanter Kirchenneubau mit 1.200 Plätzen durch Kolbe zerschlug sich wohl durch militärische Baumaßnahmen (Westwall). Seit 1961 nennt die Gemeinde das nur als Provisorium gedachte Gebäude Kirche. Das Altarkreuz schuf Elly-Viola Nahmmacher (1913–2000) im Jahre 1965. Nach 85 Jahren getrennter Wege vereinigten sich Hoffnungs- und Friedenskirchgemeinde zum 1. Advent 1999 wieder.

Kirche: Bünaustraße 10
Kath. Pfarramt St. Antonius Dresden-Löbtau: Schillingplatz 17, 01159 Dresden

Kath. Kirche St. Antonius

Als sich im Bauerndorf Löbtau nach 1855 Glasindustrie und Mühlengewerbe entwickelten, siedelten sich hier viele katholische Zuwanderer aus Böhmen und Österreich an. Deshalb hielt um 1890 ein Kaplan der Dresdner Hofkirche regelmäßig Gottesdienst in der »Musenhalle«, später in der Turnhalle der protestantischen Volksschule. 1898 wurde Löbtau Seelsorgestelle und am 1. April 1904 selbstständige Pfarrei. Am 3. Juli 1922 wurde in unmittelbarer Nachbarschaft der 1912 gebauten katholischen Volksschule der erste Spatenstich für ein Gotteshaus vollbracht, dessen Weihe schon am 18. März 1923 erfolgte. Architekt Rudolf Zacek schuf statt der geplanten großen Saalkirche aus Geldmangel eine schlichte in sachlich klaren Formen mit historischen Elementen. 1969 führte Architekt Körner die Neugestaltung des Innenraumes mit 210 Plätzen aus. Hängekreuz, Leuchter und Tabernakel sind Stahl-Emaille- und Kupfer-Emaille-Arbeiten des Ehepaares Dora und Horst Kleemann. Die Jehmlich-Orgel von 1978 hat 14 Register und 2 Manuale. Seit 2004 ergänzt ein Kreuzweg mit 15 Bronzetafeln von Walter Mellmann (1910–2001) das Interieur. Der Putzbau mit steilem Walmdach bekam 2003 eine Photovoltaik-Anlage zur Stromerzeugung.

Kirche: Pillnitzer Landstraße 9
Ev.-Luth. Kirchgemeinde Dresden-Loschwitz:
Pillnitzer Landstraße 8, 01326 Dresden

Ev.-Luth. Kirche

Loschwitz, 1315 als slawische Gründung Loscuicz erstmals erwähnt und 1921 nach Dresden eingemeindet, verfügt dank seiner unermüdlichen Gemeinde seit 1994 wieder über eines der schönsten Gotteshäuser Dresdens. Jahrhundertelang zum Pfarrbezirk der Frauenkirche gehörend, bekam Loschwitz als neu gegründete Gemeinde am 25. September 1704 einen eigenen Pfarrer. Die Bewohner von Loschwitz und Wachwitz hatten 1703 ihren Landesherren Friedrich August I., genannt August der Starke (1670–1733), gebeten, den Bau der Kirche zu genehmigen. Am 29. Juni 1705 erfolgte im Weinberg die Grundsteinlegung. Bis zur Weihe am 3. August 1708 errichtete Johann Christian Fehre d. Ä. († 1720) unter Mitwirkung von George Bähr (1666–1738) den achteckigen barocken Zentralbau mit ziegelgedecktem Mansarddach und schieferverkleidetem Dachreiter (42 Meter Höhe), mit großen Stichbogenfenstern, die den verputzten Sandsteinbau durchbrechen, mit gequaderten Lisenen aus Ortsteinen, die in einem Akanthusblattschmuck auslaufen, mit dem imposanten Hauptportal aus Sandstein (Tympanon, Inschrift »DEO REDDITUM« im Schlussstein). Im Inneren mit zweistöckigen Emporen dominierte der Sandstein-Kanzelaltar. Ab 1898 ersetzte man das dörfliche Interieur durch eine prunkvollere Ausstattung. Auch wurde bis zur Wiederweihe am 12. März 1899 eine neue Orgel von Jehmlich angeschafft.

Nach einem Bombentreffer am 13. Februar 1945 brannte die Kirche bis auf die Umfassungsmauern aus. Der Wiederaufbau scheiterte über Jahrzehnte am Desinteresse des Staates, der das Gotteshaus ursprünglich abreißen lassen wollte. Am 2. November 1969 konnte die Gemeinde, die sich fast fünf Jahrzehnte lang im Kirchgemeindehaus auf der Grundstraße zum Gottesdienst traf, wenigstens ein neues Geläut (drei Bronzeglocken von Schilling & Söhne, Apolda) in der Ruine weihen. Die neuen politischen Verhältnisse nach 1989, ein in München gegründeter Verein und die von prominenten Loschwitzern ins Leben gerufene Stiftung ermöglichten u. a. zum Elbhangfest am 29. Juni 1991 den Beginn des Wiederaufbaus nach historischen Fotos, Zeichnungen und dem Bautagebuch von 1710. Am 2. Oktober 1994 erfolgte die Weihe der weißrosa gehaltenen Kirche. Der lichtdurchflutete Innenraum (450 Plätze) mit den hell gestrichenen Emporen beherbergt die 1997 geweihte Orgel mit barockem Prospekt (20 Register, 1.097 Pfeifen) der Firma Kristian Wegscheider. Prunkstück der Kirche ist seit 2002 der rekonstruierte frühere Hauptaltar der Sophienkirche (6 Meter hoch, farbiger Marmor) von Giovanni Maria Nosseni (1544–1620).

Kirche: Pfarrer-Schneider-Str. 7
Ev.-Luth. Himmelfahrtskirchgemeinde Leuben:
Altleuben 13, 01257 Dresden

Ev.-Luth. Gemeindezentrum

Der linkselbische Stadtteil am Lockwitzbach wurde 1350 als Sedelicz erstmals urkundlich erwähnt und ist 1950 nach Dresden eingemeindet worden. Zunächst zur Kirchgemeinde Dohna gehörend, pfarrte man Niedersedlitz 1539 nach Leuben um. Schon vor dem II. Weltkrieg hegten viele den Weg nach Leuben scheuende Niedersedlitzer den Wunsch nach einem eigenen Gotteshaus. 1958 kaufte die Kirche ein Grundstück, auf dem allerdings erst am 13. März 1982 der Grundstein für ein Gemeindezentrum gelegt werden konnte. Der schlichte Bau (80 Plätze) wurde am 18. September 1983 geweiht. Die Innenausstattung (kupfernes Altar-Kreuz, schmiedeeiserner Tisch, Lesepult, Leuchter) stammen von Werner Juza (geb. 1924). Kinder der Gemeinde gestalteten einen Passionszyklus aus Keramik und Glasmosaiken. Die Weihe der kleinen Eule-Orgel (4 Register, 1 Manual, 224 Pfeifen) fand bereits 1982 statt. In einem schlichten Glockenstuhl unter freiem Himmel rufen eine frühere Schiffsglocke und eine Gutsglocke zu den Andachten.

Kirche: Markusplatz
Ev.-Luth. Laurentiuskirchgemeinde Kaditz/ Pieschen: Homiliusstraße 15, 01139 Dresden

Ev.-Luth. Markuskirche

Zum 1. Januar 1884 wurden Pieschen und Trachenberge aus dem Kirchspiel Kaditz ausgepfarrt und bildeten eine selbstständige Parochie. 1885 erwarb man den Bauplatz, auf dem Christian Gottfried Schramm die neugotische Hallenkirche errichtete. Von der Grundsteinlegung am 18. Oktober 1886 bis zur Weihe am 21. März 1888 entstand ein Backsteinbau mit Sandsteingliederungen und Satteldach. Das Hauptportal führt durch den 45 Meter hohen Ostturm, den ein Relief des Markuslöwen und vier überlebensgroße Kalkstein-Statuen der Propheten Jesaja, Jeremia, Hesekiel und Daniel von Robert Henze (1827–1906) zieren. Die dreischiffige Halle (900 Plätze) besitzt ein Kreuzrippengewölbe auf Sandsteinpfeilern mit Blattwerkkapitellen und Emporen. Der Altaraufsatz mit neugotischem Abendmahlsrelief wurde nach einem Modell von Oskar Rassau (1843–1912) geschnitzt. Die ursprüngliche Farbverglasung stammte von Bruno Urban (1851–1910), die heutigen Chorfenster entwarf Helmar Helas (1914–1981). Hermann Eule (1846–1929) baute die Orgel mit 26 Registern und 1.539 Pfeifen. Das Geläut besteht aus drei Stahlgussglocken (Bochum 1923). 1999 schlossen sich Markusgemeinde (Pieschen) und Emmausgemeinde (Kaditz, Mickten und Übigau) zur Laurentiusgemeinde zusammen.

Kirche/Kath. Pfarrgemeinde St. Josef Dresden-Pieschen: Rehefelder Str. 59/61, 01127 Dresden

Kath. St. Josefskirche

Pieschen, 1292 erstmals erwähnt, wurde 1897 eingemeindet. Für die aus Böhmen und Schlesien eingewanderten Katholiken musste 1903 von der Pfarrei Dresden-Neustadt aus eine Vikarie gegründet werden. Schon 1904 wurde sie zur Pfarrei erhoben. Zunächst versammelte man sich in der katholischen Schul-Kapelle Leisniger Straße. Dann errichtete Architekt Alexander Tandler (Weihe am 10. Oktober 1910) die erste Stahlbetonkirche (neuromanischer Stil, Altar in halbrunder Apsis, vergoldeter Stuckbaldachin). 1911 kam der Turm (36 Meter hoch) hinzu. Nach dem II. Vatikanischen Konzil 1963 entschloss man sich zum Innenumbau, wofür Architekt Hubert Paul (geb. 1933) und Bildhauer Friedrich Press (1904–1990) gewonnen wurden. Von 1970 bis 1978 entstand auf einer runden Altarinsel das »Himmlische Jerusalem«: Sechs gemauerte, weiß gekalkte Pfeiler mit unteren und oberen Öffnungen symbolisieren die zwölf Tore Jerusalems aus der Johannes-Apokalypse. Durch Aussparungen erscheinen Münder und Augen, durch Auskragungen Hände und Arme. Am 10. September 1995 wurde die 1953 für die ev.-luth. Gemeinde Traunstein (Bayern) gebaute Rieger-Orgel (21 Register, 1.264 Pfeifen) in Dienst gestellt. Die Kirche hat zwei Glocken aus Bronze (1930, 1931) und eine aus Stahlguss (1959).

Kirche: Bergweg 3
Interessengemeinschaft Weinbergkirche Pillnitz e.V.: Dresdner Straße 155, 01326 Dresden

Ev.-Luth. Weinbergkirche »Zum Heiligen Geist«

Ein reizvolles Pendant zur Schlossanlage Pillnitz bildet die Weinbergkirche »Zum Heiligen Geist«. Ihr Name wurde von der 1597 geweihten Schlosskirche des Hofrats Christoph von Loß (1548–1609) übernommen, die im Mai 1723 einem neuen Palais Augusts des Starken (1670–1733) weichen musste. Nach Plänen von Matthäus Daniel Pöppelmann (1662–1736) schritt man zum Neubau. Vom 24. Juni 1723 (Grundsteinlegung) bis zur Weihe am 11. November 1725 entstand ein rechteckiger Bau (Walmdach mit Dachreiter). Das Portal ziert das polnisch-sächsische Wappen (Doppelkartusche mit Krone, Insignien, Monogramm) von Johann Benjamin Thomae (1682–1751). Der Innenraum wird von den Emporen und dem vergoldeten Sandsteinaltar mit Abendmahlsrelief (1648) von Johann George Kretzschmar († 1653) aus der alten Kirche beherrscht. Von dort stammt auch die Holzkanzel (1853 umgebaut). Zum Interieur gehören außerdem Epitaphe und die Holz-Taufe (kelchartiger Fuß, ornamental geschmückter Deckel, 17. Jh.). Die seit 1993 in Rechtsträgerschaft des Freistaates Sachsen befindliche Kirche wurde u.a. durch Sponsoren bis 1995 restauriert. Die Jehmlich-Orgel von 1891 (12 Register, 594 Pfeifen) setzte 1997 Ekkehard Groß (geb. 1959) instand. Das Geläut (3 Glocken) komplettierte man 2002.

Schlosskapelle: Neues Palais, Eingang Fliederhof
Kath. Pfarr-Vikarie St.-Petrus-Canisius Dresden-Pillnitz: Dresdner Str. 66, 01326 Dresden

Kath. Schlosskapelle Ss. Trinitatis

1725 hatte August der Starke (1670–1733) im Pillnitzer Schloss eine katholische Kapelle eingerichtet. Nachdem am 1. Mai 1818 ein Brand das alte Schloss vernichtet hatte, erhielt Oberlandbaumeister Christian Friedrich Schuricht (1753–1832) den Auftrag zum Bau des Neuen Palais. Von Elementen des biedermeierlichen Klassizismus bestimmt, entstand eine klassische Dreiflügelanlage. Neben einem Festsaal wurde die katholische Schlosskapelle (140 Plätze) eingerichtet. Kannelierte korinthische Pilaster gliedern die Wände. Hofmaler Carl Christian Vogel (1788–1868), der 1831 als Vogel von Vogelstein geadelt wurde, übernahm die Ausmalung. Wandfelder, Kehle und Decke bemalte er seit 1826 mit Szenen aus dem Marienleben (z.B. Heimgang, Aufnahme in den Himmel und Krönung Mariä) sowie acht figürlichen Allegorien al fresco. Vogel-Schüler Benno Friedrich Toerner (1804–1859) unterstützte den Meister mit weiteren Studenten der Dresdner Akademie. Ende 1829 fanden seine Arbeiten mit dem Altargemälde »Aufnahme Marias in den Himmel« (Öl auf Leinwand) ihren Abschluss. Die Weihe erfolgte am 16. Juni 1830. Die Orgel von Jehmlich stammt aus der Mitte des 19. Jahrhunderts.

Kirche: Altplauen 5
Ev.-Luth. Auferstehungskirchgemeinde Dresden-Plauen: Reckestraße 6, 01187 Dresden

Ev.-Luth. Auferstehungskirche

Das 1206 als Plawen erwähnte Dorf kam 1903 zu Dresden. Um 1150 entstand eine kleine Dorfkirche. Ab 1467 erlebte die dem Erzengel Michael geweihte Kirche (seit 1903 Auferstehungskirche) sechs Umbauten (erhalten blieben unterer Turm, Westportal, Sakramentsnische). Den größten Erweiterungsbau vollbrachten ab 1901 William Lossow (1852–1914) und Ferdinand Hermann Viehweger (1846–1922). Bis zur Weihe am 9. März 1902 schufen sie den über 300.000 Mark teuren Neorenaissance-Bau mit 49 Meter hohem Turm, zwei Sakristeien, 1.030 Sitzplätzen und prachtvollem Holzgewölbe. Im Inneren beeindrucken der Johann Christian Feige d. Ä. (1689–1751) zugeschriebene Säulenaltar (1732) und das 1859 vollendete Altarbild »Segnender Jesus« von Alfred Diethe (1836–1914). Die Cuppa des Taufsteins mit Rollwerk-Kartuschen stammt von 1617. Aus alter Zeit erhielten sich einige Epitaphe. Kanzel, Chorgestühl, Lesepult und Orgel-Prospekt wurden aufwändig geschnitzt. Die 1945 zerstörten Farbfenster von Bruno Carl Urban (1851–1910) ersetzte 2002/03 Wolfgang Korn (geb. 1949) durch neue. Seit 1946 läuten die drei Stahlgussglocken aus der Zionskirche in Plauen. Die Eule-Orgel (44 Register, 3.045 Pfeifen) wurde 1985 geweiht.

Kirche/Kath. Pfarrgemeinde St. Paulus Dresden-Plauen: Bernhardstraße 42, 01187 Dresden

Kath. St. Paulus Kirche

Bereits 1910 hatte sich im seelsorglich zur Hofkirche gehörenden »Schweizerviertel« der »Verein der Katholiken von Dresden-Plauen und Süd« gegründet. Ab Mai 1919 predigten hier Patres der Kongregation der Oblaten der makellosen Jungfrau Maria, ab 7. Oktober 1921 im eigenen Haus auf der Eisenstruckstraße 27, später in einer Turnhalle. Von 1922 bis 1984 bestand die Ordensniederlassung in Dresden. Auf dem am 20. Juli 1922 gekauften Grundstück errichtete Robert Witte bis zur Weihe am 6. Dezember 1925 die Kirche (sachlicher Putzbau, turmartiger Dachreiter) mit 210 Sitzplätzen. Nach Loslösung von der Hofkirche wurde am 1. Januar 1926 die Pfarrei St. Paulus errichtet. Von Pater Franz Bänsch (1899–1961, Priester an der Pfarrei seit 1935) ist bekannt, dass er über 1.000 zum Tode Verurteilte auf ihrem letzten Gang zur Hinrichtung am Münchner Platz begleitete, sie mit den Sakramenten der Kirche stärkte. Die 1945 teilweise zerstörte Kirche wurde 1953 originalgetreu wieder aufgebaut. Nach 1960 gestalteten Egon Körner und Lothar Gonschor den Kirchenraum neu. In der Apsis befindet sich der Korpus des schlichten Holzkreuzes mit dem Gekreuzigten ohne Hände (unbekannter Meister um 1700). Die Kirche verfügt über eine Jehmlich-Orgel (um 1946, 18 Register, 2 Manuale ca. 1.550 Pfeifen) und drei Bronze-Glocken (Apolda, 1950er Jahre).

Kirche/Ev.-Luth. Kirchgemeinde Dresden-Prohlis: Georg-Palitzsch-Straße 2, 01239 Dresden

Ev.-Luth. Kirchgemeindezentrum

Das 1921 nach Dresden eingemeindete Prohlis (1288 erstmals als Prolos erwähnt) gehörte bis 1674 zur Parochie der Frauenkirche und danach zu Leubnitz. Am 1. Mai 1931 wurde die Kirchgemeinde als Außenstelle von Leubnitz abgespalten, die u.a. in der Dorfschule, im Gasthof und zwischen 1946 und 1977 in einem Saal des Schlosses (1980 abgebrannt) Gottesdienste feierte. Wo sich über Jahrhunderte ein idyllisches Rundplatzdorf entwickelt hatte, errichtete man ab 1976 ein Wohngebiet für 30.000 Einwohner. Die seit 1978 selbstständige Gemeinde ließ im Rahmen des so genannten »Sonderbauprogramms der evangelischen Kirchen in der DDR« von Heiner Göpfert (geb. 1940) ein Gemeindezentrum errichten (zwei gleich große, etwas versetzt stehende Baukörper). Bis zur Weihe am 10. Oktober 1982 entstand neben Räumen für Gruppenarbeit und Verwaltung der Kirchenraum (104 Plätze, mit Foyer um 98 Plätze erweiterbar) mit der Empore aus Sichtbeton, mit grobem Putz, getönter Holzdecke, dunklem Parkett und geflochtenen Holzstühlen. Klaus Dennhardt (geb. 1941) schuf Altar, Taufe und Ambo aus Sandstein sowie ein Sgraffito. Die kleine Bronzeglocke aus Kreischa (1672) hängt in einem provisorischen Gestühl im Pfarrgarten. Die Jehmlich-Orgel (13 Register, 874 Pfeifen) wurde am 4. Advent 1988 geweiht.

Kirche: Ludwig-Kossuth-Str. 20
Ev.-Luth. Pfarramt Dresden-Wilschdorf:
Reineckeweg 5, 01109 Dresden

Ev.-Luth. Kirche Rähnitz

Im 1242 erstmals urkundlich erwähnten und über Jahrhunderte zum Kirchspiel Reichenberg zählenden Rähnitz (1919 mit Hellerau und 1950 mit Dresden vereinigt) richtete man erst 1913 eine selbstständige Kirchgemeinde ein. An Stelle der am 20. Februar 1899 eingeweihten und am 8. Juni 1904 wieder abgerissenen Feierhalle, die sich mit ihren 54 Quadratmetern für Gottesdienste rasch als zu klein erwies, wurde ein Kirchlein errichtet. Bis zur Weihe am 16. Oktober 1904 sind 8.000 Mark verbaut worden. Die Kirche ist mit einer Jehmlich-Orgel (zwei Manuale, diverse Umbauten zwischen 1963 und 2002 durch Firma Rühle) ausgestattet. Die heutigen zwei Stahlglocken (760 Kilo, 430 Kilo) und eine Bronzeglocke (210 Kilo) im 22 Meter hohen Turm wurden 1900 (Abgabe im II. Weltkrieg) und 1954 gegossen. Die 1970er Innenerneuerung der Kirche mit ihren 240 Plätzen stand unter Leitung des aus Wachau bei Radeberg stammenden Künstlers Werner Juza (geb. 1924), von dem die komplette Inneneinrichtung mit dem Altarkreuz (eine Kupfertreibearbeit) und das Buntglasfenster »Pfingsten« stammen.

Kirche: Seifersdorfer Str. 5
Ev.-Luth. Kirchspiel Radeberger Land: An der Kirche 5, 01454 Radeberg

Ev.-Luth. Kirche

Das 1350 erwähnte Dorf (seit 1999 zu Dresden gehörend) soll um 1250 eine romanische Kapelle besessen haben. 1555 wird die Kirche als Filiale der Radeberger Kirche bestätigt. Vermutlich 1587 begann ein Kirchen-Neubau (Weihe 1608). Nach Blitzschlag 1652/53 wurde am 13. Oktober 1664 die erneuerte Saalkirche (heute ca. 200 Plätze) mit Satteldach und achteckigem Turm geweiht. Die Sakristei an der Nordseite des Chores verfügt über ein zweijochiges Kreuzgratgewölbe. Der 1664 gestiftete Altar (Abendmahl-Gemälde, Kreuzigungsszene mit knieenden Stiftern, Auferstehung) trägt die Wappen der Stifter Caspar Heinrich von Grünrodt (1626–1675) und Hans Ulrich von Grünrodt (1627–1682). An die Altar-Neufassung 1892/93 erinnern die Wappen des Grafen Karl von Brühl (1853–1923) und seiner Gemahlin Else geb. von Krosigk (1848–1905). Die 1832 von Friedrich Nikolaus Jahn gebaute Orgel (10 Register) wurde 1938 durch Wilhelm Rühle erneuert. Die Renovierung 1929 ging mit der Bemalung von Empore (11 Gebote) und Kanzel (vierfacher Acker) durch Georg Gelbke (1882–1947) einher, der auch das Luther-Gemälde schuf. Das Gemälde »Christi Versuchung« malte Carl Bertling (1835–1918). Den Ambo »Der Rufer« schuf 1964 Werner Juza (geb. 1924). Die beiden Bronzeglocken stammen von Bruno Pietzel (1926) und der Karlsruher Glockengießerei Metz (1990).

Kirche/Ev.-Luth. Kirchgemeinde Schönfeld:
Borsbergstraße 6, 01328 Dresden

Ev.-Luth. Kirche

Das seit 1999 zu Dresden gehörende Schönfeld wurde wohl um 1200 als Waldhufendorf angelegt. Die im 13. Jahrhundert erwähnte Saalkirche (Stele im Eingangsbereich aus dieser Zeit) mit 1676 vollendetem Chor ist an der Rückseite des 1575 erbauten Renaissance-Schlosses gelegen. Durch Theodor Quentin, der auch die Fenstergewände neu fasste sowie die Strebepfeiler an der Südseite abbrach, wurde 1896 der Turm ab dem Obergeschoss auf 54 Meter Höhe neu gebaut (Turmhelm 1970 auf 34 Meter verkürzt, drei Bronzeglocken von 1852 und 1984). Das Gotteshaus mit Satteldach, leicht erhöhtem Chor und gotisierendem Fenstermaßwerk (vermutlich 19. Jh.) hat einen flachgedeckten Saal (450 Plätze) und im Chor ein Sterngewölbe. 1830 wurden die zweigeschossigen, mit Palmettenkapitellen abschließenden Emporen eingebaut. Den 1656 von Christoph Abraham Walther (um 1625–1680) geschaffenen Altar zieren Gemälde von Jonas Eywigk (1658). Die Sandsteinkanzel mit Wappenstein der Adelsfamilie von Lützelburg (1676), mit rundem Korb, vollplastischen Figuren (Christus und die Evangelisten) und hölzernem Schalldeckel ist eine Arbeit vom Ende des 17. Jahrhunderts, ebenso das auf rechteckigem Postament von Engeln getragene achteckige Taufbecken. Die Jahn-Orgel von 1904 (26 Register, 1.719 Pfeifen) verfügt über einen neugotischen Prospekt.

Kirche/Ev.-Luth. Nazarethkirchgemeinde Dresden-Seidnitz: Altseidnitz 12, 01277 Dresden

Ev.-Luth. Nazarethkirche

Seidnitz (1378 als Syticz erstmals erwähnt), das 1902 zu Dresden kam, gehörte 1539 zur Parochie Leuben, ab 1546 zur Frauenkirche und seit 1674 wieder zu Leuben. Am 18. Oktober 1931 konnten die Dobritzer und Seidnitzer auf der Winterbergstraße einen Gemeindesaal einweihen. 1938 kauften sie den damals etwa 250 Jahre alten Bauernhof Altseidnitz Nr. 12, wo im ehemaligen Kuhstall der Pfarrsaal mit 50 Sitzplätzen eingerichtet wurde. Nach Entwurf von Wolfgang Rauda (1907–1971) wurde unter Herbert Burckhardt am 18. Juni 1951 der Ausbau der Scheune zur Notkirche mit 300 Sitzplätzen begonnen. Das am 9. Dezember 1951 geweihte Gotteshaus erhielt am 12. Januar 1953 den Namen »Nazarethkirche«. Schließlich löste sich im April 1953 der Gemeindeverband Seidnitz-Dobritz als eigenständige Kirchgemeinde von der Himmelfahrtskirche Leuben. Aus der im August 1951 gesprengten Ehrlich'schen Gestiftskirche übernahm man den Altar mit Kruzifix, zwei Kinderfiguren und die Porträtbüste von Johann Georg Ehrlich (1676–1743). Der frühgotische Taufstein stammt aus der Kapelle des Mitte des 19. Jahrhunderts abgerissenen Bartholomäushospitals. In einem Holzbalken-Gestell im Hof hängt seit 1952 die Bronzeglocke einer Kirche aus dem Glatzer Bergland. Die Schuster-Orgel (14 Register, 1.108 Pfeifen) wurde am 12. November 1953 geweiht.

Kirche: An der Christuskirche
Ev.-Luth. Christuskirche Dresden-Strehlen:
Elsa-Brandström-Str. 1, 01219 Dresden

Ev.-Luth. Christuskirche

Strehlen, 1288 erstmals erwähnt und 1892 eingemeindet, gehörte bis zur Reformation zur Parochie der Frauenkirche, dann zur Kreuzkirche (seit 1. Januar 1893 selbstständig). Am 7. Mai 1903 wurde auf geschenktem Bauplatz der Grundstein für die Kirche gelegt, die nach Plänen der Architekten Julius Graebner (1858–1917) und Rudolf Schilling (1859–1933) erbaut wurde. Bis zur Weihe am 19. November 1905 entstand eine imposante Saalkirche (Jugendstilform) mit zwei je 66 Meter hohen Türmen, die Würde, Ernst und Wehrhaftigkeit ausstrahlt. Über dem Haupteingang thront der segnende Jesus von Peter Pöppelmann. Die plastischen Dekorationen am Bau (u.a. Köpfe von Luther und Paulus, Symbole von Hirsch, Pelikan, Schwan) gehen auf Entwürfe von Karl Gross (1869–1934) zurück. Im Inneren (1.100 Sitzplätze) beeindrucken die Skulpturen (Ecce-homo-Statue, zwei Apostel) von August Hudler (1868–1905), die Deckenmalerei von Otto Gußmann (1869–1926), Bronzereliefs von Arnold Kramer (1863–1918) oder der Altar aus grünlichem Cipollino-Marmor mit dem gewichtigen weißen Marmorkreuz. Dessen Wiederherstellung ab 1974 ist Helmar Helas (1914–1981) zu verdanken. Die 1988 erweiterte Jehmlich-Orgel besitzt 4.316 Pfeifen in 62 Registern. Seit 1955 besteht das Geläut aus drei Bronzeglocken.

Kirche/Kath. Pfarramt St. Petrus Dresden-Strehlen: Dohnaer Straße 53, 01219 Dresden

Kath. Kirche St. Petrus

Als sich um die Jahrhundertwende das Dorf Strehlen zum Villenvorort entwickelte, gründete Bischof Dr. Christian Schreiber (1872–1933, Bischof von Meißen 1921 bis 1930) am 23. März 1923 die Pfarrei Strehlen und übergab sie den Oblatenpatres. Von 1930 bis 1999 wurde die Gemeinde von Jesuiten betreut. Die Pfarrkapelle befand sich zunächst im 1945 total zerstörten Pfarrhaus Gustav-Adolf-Straße 3, später auf der Tiergartenstraße 6. Am 25. Mai 1947 konnte eine Interimskapelle in der Franz-Liszt-Straße geweiht werden. Nach Verhandlungen über den Kirchbau ab 1958 legte man am 18. Mai 1960 den Grundstein inmitten der weiträumigen Anlage des Grundstückes Dohnaer Straße 53. Bis zur Weihe am 25. März 1961 schuf Architekt Egon Körner einen mehrteiligen Gebäudekomplex. Die Kirche mit Pultdach (250 Plätze) symbolisiert das Zelt Gottes unter den Menschen. Die Altarwand zeigt das Sandsteinrelief »Verklärung Christi« von Max Lachnit (1900–1972). Später wurden Buntglasfenster (Klebetechnik, eins vorhanden) von Rudolf Teufel (1918–1973) ergänzt. Die Jehmlich-Orgel besitzt 16 Register und ca. 1.000 Pfeifen.

Kirche: Schandauer Str. 35
Ev.-Luth. Versöhnungskirchgemeinde:
Wittenberger Straße 96, 01277 Dresden

Ev.-Luth. Versöhnungskirche

1350 erstmals erwähnt und 1892 nach Dresden eingemeindet, gehörte Striesen 1572 zur Parochie der Frauenkirche, später zur Kreuzkirche (ab 1. Januar 1910 selbstständige Gemeinde). Von der Grundsteinlegung am 19. September 1905 bis zur Weihe am 20. Juni 1909 wurde der Entwurf des Vaters Gustav Adolf (1844–1904) und des Sohnes Fritz Rumpel (1876–1945) sowie Arthur Bruno Krutzschs (1867–1919) umgesetzt. Er vereint Elemente von Neoromanik, Neogotik und Jugendstil und verfügt über einen 62 Meter hohen Turm sowie über Plastiken der vier Evangelisten. Selmar Werner (1863–1953) gestaltete 1918 bis 1928 die trauernde Gruppe von sieben bronzenen Brunnenfiguren (Kriegsopfer) um den Trost spendenden Christus. Die künstlerische Ausgestaltung im 1.000 Plätze fassenden Kirchenschiff (Tonnengewölbe in Eisenbeton, eingeschossige Empore) stammte hauptsächlich von Otto Gußmann (1869–1926). Die großen Fenster im Kirchenschiff schuf Paul Rößler (1873–1957), die Kanzel Karl Gross (1869–1934), das Kruzifix und die Altarplastik »Der gute Hirte« Georg Wrba (1872–1939). Das mittlere Altarfenster ersetzte Helmar Helas (1914–1981). Die Orgel von Johannes Jahn wurde 1939 von Eule umgebaut (43 Register, ca. 2.560 Pfeifen). Das Geläut umfasst drei Glocken.

Kirche/Ev.-method. Zionskirchgemeinde:
Augsburger Straße 59, 01309 Dresden

Ev.-method. Zionskirche

Als eine von vier evangelisch-methodistischen Gemeinden Dresdens hat die Zionskirchgemeinde seit der Weihe am 6. August 1950 ihr Gotteshaus an der Augsburger Straße. Sie blickt seit der Gründung als Gemeinde der Evangelischen Christengemeinschaft im Jahre 1873 auf eine bewegte Geschichte zurück. 1897 hatte sich hier außerdem die Gemeinde der späteren John-Wesley-Gemeinde der Bischöflichen Methodistenkirche gegründet (Sitz Wiener Straße 56). Erst 1968 erfolgte weltweit die Vereinigung beider Kirchen zur United Methodist Church (Name des deutschen Zweiges: Evangelisch-methodistische Kirche – EmK). Von 1970 bis 1992 war die Zionskirche Predigtkirche des EmK-Bischofs in der DDR. Der Nachfolgebau für das am 13. Februar 1945 zerstörte Gemeindezentrum Zionskirche in der Neuen Gasse wurde von Architekt Karl August Alicke mit Dachreiter (eine Glocke) errichtet und verfügt über 200 Sitzplätze. Im Eingangsbereich der schlichten Kirche befindet sich seit 1973 die Kupfertreibearbeit »Das neue Jerusalem« von Werner Juza (geb. 1924). Die Jehmlich-Orgel aus dem Erbauungsjahr der Zionskirche hat 9 Register und 620 Pfeifen.

*Kapelle:
Wittenberger Str. 88
Kath. Pfarrei Mariä
Himmelfahrt:
Tzschimmerstraße 22,
01309 Dresden*

Kath. Kapelle Mariä Himmelfahrt

Als nach 1900 die Stadtteile Striesen, Blasewitz und Johannstadt zusammenwuchsen, ließ der Vincentiusverein von Architekt Julius Förster eine Kapelle bauen. Am 26. Juni 1905 fand die Weihe der einschiffigen neubarocken Kapelle mit Anklängen an den Jugendstil statt. 1923 wurde an dieser eine eigene Pfarrei errichtet. Baulich mit der Kapelle verbunden war das Kinderheim Vincentiusstift. Die beim Luftangriff 1945 beschädigten Fenster wurden nach Entwürfen von Irma Lang-Scheer (1901–1987) im Jahre 1954 erneuert. Den Umbau der Kapelle (220 Plätze, 28,5 Meter hoher Turm) besorgte 1969–1970 Egon Körner (geb. 1908). Als Dauerleihgabe der Familie der Grafen von Schönburg-Glauchau besitzt die Kapelle eine Muttergottes-Statue (unbekannter Meister, 18. Jahrhundert). Die Jehmlich-Orgel von 1905 verfügt über 12 Register auf 2 Manualen mit 1.650 Pfeifen. Im ehemaligen Kinderheim befindet sich heute das Kapellknaben-Institut. Die in der Tradition des Sächsischen Hofes stehenden Dresdner Kapellknaben (70 Sänger, seit 1994 von einem Domkapellmeister geleitet) besorgen seit 1708 die musikalische Gestaltung der heiligen Messen an der Dresdner Hofkirche. Da sie keine eigene Schule besitzen, besuchen die meisten das St.-Benno-Gymnasium.

Kirche/Ev.-Luth. Bethlehemkirchgemeinde Dresden-Tolkewitz: Marienberger Straße 65, 01279 Dresden

Ev.-Luth. Bethlehemkirche

1350 als Tolkenwicz urkundlich erwähnt, gehört es seit 1912 zu Dresden. Das Dorf war bis Ende März 1953 zur Himmelfahrtskirche Leuben eingepfarrt, 1674 zeitweise zur Frauenkirche. Wegen der Distanz zu Leuben feierten die Tolkewitzer seit 1913 ihre Gottesdienste im Festsaal der Schule an der Saalbachstraße, ab 1938 in einem Pferdestall und auf dem Johannisfriedhof. Der schon vor dem II. Weltkrieg gehegte Wunsch nach einem eigenen Gotteshaus führte endlich zum Erfolg. Als ersten Kirchenneubau der Evangelisch-Lutherischen Landeskirche Sachsens schufen Wolfgang Rauda (1907–1971) und hunderte Gemeindemitglieder vom ersten Spatenstich am 9. Dezember 1950 bis zur Weihe am 16. Dezember 1951 die Bethlehemkirche. Der schlichte Kirchsaal mit Orgelempore verfügt über 300 Plätze. Die Apsis ist ein Fünfachtel-Kreis. Ihre fünf hochsitzenden, leicht getönten Fenster verleihen Geschlossenheit. Kanzel, Taufstein und Altar wurden aus Lohmener Sandstein gearbeitet. Das Kruzifix aus Eichenholz (Entwurf Rauda) schuf Bernhard Weiß. Die 1954 geweihte Jehmlich-Orgel verfügt über 14 Register und 1.014 Pfeifen. Im 19,60 Meter hohen Turm (mit schmiedeeisernem Symbol aus Krippe, Kreuz und Stern) hängen seit 1965 vier Bronze-Glocken der Firma Schilling & Söhne, Apolda.

Kirche/Ev.-Luth. Apostelkirchgemeinde Dresden-Trachau: Kopernikusstraße 40, 01129 Dresden

Ev.-Luth. Apostelkirche

Das 1903 nach Dresden eingemeindete Trachau (1242 als Trachenowe erwähnt) löste sich zum 1. Oktober 1908 von der Emmauskirche Kaditz. Hatte man bereits seit 1873 kirchliche Versammlungsräume in den Schulen Alttrachau (bis 1898) und Böttgerstraße genutzt, gründete sich 1924 ein Kirchenbauverein. Am 9. Oktober 1927 wurde der Grundstein zu einem schlichten Bau im Stil der Neuen Sachlichkeit gelegt, der jedoch auch romanisierende, gotisierende Formen aufweist. Die Errichtung der Kirche mit ihrem 31,65 Meter hohen Turm (ohne Kreuz gemessen) wurde bis zur Weihe am 10. März 1929 durch den Architekten Oswin Hempel (1876–1965) begleitet. Über dem Portal schmücken die zwölf Apostel aus Ton von Kurt Dämmig (1884–1944) das Gebäude. Der Gemeindesaal (400 Plätze) erinnert mit seinen hohen Holzbögen an ein Schiff. Die Schuke-Orgel mit neubarockem Prospekt von 1958 verfügt über 22 Register mit 1.634 Pfeifen. 1928 schuf Arthur Lange (1875–1929) die expressionistische Holzfigur des Beladenen Mannes; die drei Fenster (Geburt, Auferstehung, Geißelung Christi) stammen von Otto Paul Rößler (1873–1957). Im Turm (zwei Glocken, Schilling & Söhne, Apolda 1955) befindet sich die Tauf- und Traukapelle. Des Weiteren sind die Sgraffiti von Hans Nadler (1879–1958) und die Sandstein-Taufe mit Messingdeckel von Georg von Mendelssohn (geb. 1886) erwähnenswert.

Kirche/Ev.-Luth. Weinbergs-Kirchgemeinde Dresden-Trachenberge: Albert-Hensel-Straße 3, 01129 Dresden

Ev.-Luth. Weinbergskirche

Trachenberge, eine im 18. Jahrhundert angelegte Schwarmsiedlung, wurde 1897 nach Dresden eingemeindet. Kirchlich gehörte es zur Parochie Kaditz. 1884 wurden Pieschen und Trachenberge von dort ausgepfarrt. Seit 1915 bildet Trachenberge eine selbstständige Gemeinde. Aufgrund von Geldmangel konnte am Sonntag Okuli des Jahres 1930 nur eine Notkirche als mit Platten verkleideter Fachwerkbau (350 Sitzplätze) auf den Namen »Weinbergskirche« geweiht werden. Als Geläut ließ man drei 1928 auf der Dresdner Gartenbau-Ausstellung gezeigte Glocken des Bochumer Stahlgusswerkes kommen. In der Nacht vom 22. zum 23. Oktober 1946 vernichtete ein Brand die Kirche. Man konnte nur einen Kruzifixus und die Glocken retten. Für sie wurde 1950 ein freistehender Turm errichtet. Dr. Ing. Schöneberg und Baumeister Hermann Ullrich (1894–1979) schufen bis zur Weihe am 1. Juni 1958 einen modernen Zweckbau mit 450 Sitzplätzen und fünf Fenstern, die höher als sechs Meter sind. Für den Altar und den von Helmut Schleider (1912–1994) geschaffenen Taufstein wurde Rochlitzer Travertin verwendet. Von Rolf Schultze stammt der Kupferdeckel der Taufe. Die Sonnenuhr am Ostgiebel berechnete und stiftete Astronomie-Professor Hans-Ullrich Sandig (1909–1979). Die 1967 geweihte Jehmlich-Orgel hat 22 Register und 1.650 Pfeifen.

Kirche: Am Schreiberbach
Ev.-Luth. Kirchgemeinde Unkersdorf:
Kirchstraße 6, 01665 Klipphausen,
OT Weistropp

Ev.-Luth. Kirche

Unkersdorf, erstmals 1350 in einer Urkunde als dem Meißner Domkapitel zugehörig aufgeführt, wurde 1999 nach Dresden eingemeindet. Über die Jahrhunderte war Unkersdorf Filialdorf der Kirchgemeinden Briesnitz und Kesselsdorf und gehört seit 1931 zur Kirchgemeinde Weistropp. Seit Mitte des 14. Jahrhunderts ist eine Kirche nachweisbar. Mauerreste im Chorbereich und Rudimente mittelalterlicher Wandbemalung belegen den romanischen Ursprung. 1586 und 1613 baute Johann George Lorenz die Kirche um. Saal und Chor wurden 1697 verändert. Der saalartige Bau bietet 200 Sitzplätze. Im flachgedeckten Inneren der Kirche mit gewalmtem Dach (achteckiger Dachreiter mit Haube und spitzem Helm, Wetterfahne mit Jahreszahl 1586) beeindrucken das Altarbild (Abendmahlszene, um 1613) sowie der prachtvolle Kanzelaltar in Rokoko-Formen (Holz, von zwei stehenden Säulen gerahmt) aus dem Jahre 1766. Nach 1906 ersetzte man die zweigeschossige Empore durch eine eingeschossige. Bruno Kircheisen baute 1896 die Orgel mit 13 Registern und 702 Pfeifen. Das Geläut besteht aus drei Glocken (von 1891, 1929 und 2004). Mit den jährlich stattfindenden »Unkersdorfer Jazztagen« macht die kleine Kirchgemeinde eine breite kulturinteressierte Öffentlichkeit auf ihr Gotteshaus aufmerksam.

Kirche: Stangestraße 1
Ev.-Luth. Kirchgemeinde Weißer Hirsch:
Luboldtstraße 11, 01324 Dresden

Ev.-Luth. Kirche

Die im 18. Jahrhundert nach einem Gasthaus benannte Gutsgemeinde wurde 1872 amtlich »klimatischer Kurort«. Durch den Arzt Dr. med. Heinrich Lahmann (1850–1905) erhielt sie ein Naturheil-Sanatorium und kam zu internationalem Renommee. Seit 1921 gehört die Gemeinde zu Dresden. Der Ort war zunächst zur Frauenkirche, ab 1704 nach Loschwitz eingepfarrt und bildet seit 1. April 1897 eine selbstständige ev.-luth. Kirchgemeinde. Gefördert durch den kaiserlich-russischen Staatsrat Nikolaus Stange (1819–1902) baute Architekt F. Richard Schaeffer bis zur Weihe am 14. Juli 1889 ein besonderes Gotteshaus aus Holz. Es ist dem Vorbild der Kirche Wang im schlesischen Riesengebirge (heute Krummhübel, Polen) nachempfunden. Der 25 Meter hohe Turm wurde 1891 angefügt. Bis 1908 erfolgten diverse Erweiterungsbauten (Querschiff, Einbau einstöckiger Emporen). Mit dem Umbau des Kirchenschiffs (350 Plätze) im Jahre 1960 entfernte man das Altarbild von Victor von Schubert mit Darstellung der Kreuzigung. Den Altar zieren heute ein schlichtes Holzkreuz und eine Christusfigur. Die 1901 geweihte und 1966 komplett umgebaute Jehmlich-Orgel hat 16 Register auf 2 Manualen mit 1.078 Pfeifen.

Kirche: Am Hochwald 8
Kath. Pfarrei St. Hubertus:
Am Hochwald 2, 01324 Dresden

Kath. Kapelle St. Hubertus

Bereits 1928 erwarb der Pfarrer von Dresden-Neustadt das Kirchengrundstück Am Hochwald. Doch erst im Jahre 1937 erhielt die ehemalige Sommerfrische und das spätere Kurbad Weißer Hirsch eine katholische Kapelle. Entworfen hatte sie 1930 Architekt Robert Witte, der den Bau ab der Grundsteinlegung am 20. September 1936 leitete. Weil die Kapelle am Rande der Dresdner Heide liegt, wurde sie am 31. Januar 1937 dem heiligen Hubertus – dem Patron der Jäger – geweiht. Die Inventarstiftung (Kanzel, Bänke, Orgelbrüstung, Kommunionbank, Pieta) kam aus dem St. Benno Gymnasium. Bis 1954 war das Gotteshaus Außenstation der Franziskus-Xaverius-Gemeinde Dresden-Neustadt. Dann wurde der Gemeindeteil Weißer Hirsch eine Vikarie, seit 21. April 1957 bildet er eine selbstständige katholische Pfarrgemeinde. Nach dem II. Vatikanischen Konzil erneuerte Lothar Gonschor 1975 bis 1979 den Innenraum mit 150 Plätzen. Das über dem Altar hängende Kreuz ist eine Arbeit von Peter Makolies (geb. 1936). Die Marienstatue schuf Johann Bergmeister aus Südtirol. Die Jehmlich-Orgel von 1956 hat 11 Register und 594 Pfeifen. Das Geläut (drei Glocken, Schilling & Söhne, Apolda) wurde im Juli 1956 geweiht.

Kirche/Ev.-Luth. Kreuzkirchgemeinde Weißig: Hauptstraße 18, 01328 Dresden

Ev.-Luth. Kirche/ Kreuzkirche

Das 1357 erstmals als Wysok erwähnte Dorf (seit 1999 zu Dresden gehörig) besitzt seit 1235 ein Gotteshaus (auch heute noch 2,10 Meter starke Bruchstein-Mauerreste aus dem 13. Jh. vorhanden). Diese Wehrkirche brannte am 30. September 1631 bis auf den Turm nieder. Dem Wiederaufbau folgten mehrere Umbauten. Als ein wichtiges Ereignis der Kirchengeschichte erwies sich die Auspfarrung und Neubegründung der Bühlauer Parochie am 2. Januar 1898. Ab 9. April 1901 wurde die Kirche unter Leitung von Woldemar Kandler bis zur Weihe am 1. November-Sonntag 1901 für 60000 Mark erweitert (Beibehaltung barocker Elemente wie Rundbogenfenster von 1632). Nach Abbruch des obersten Giebels wurden der Altarplatz und zwei Kreuzschiffe mit der Sakristei angebaut, der Turm auf 42 Meter erhöht, eingeschossige Emporen eingefügt, das Innere (420 Sitzplätze) als barocke Anlage mit Jugendstilelementen erneuert. Dazu gehörten die Ausmalung, Schnitzereien am Prospekt, Türbeschläge, die ornamentale Farbverglasung. Das Altargemälde »Die Begegnung Jesus mit den Emmaus-Jüngern« (1901) schuf Alfred Diethe (1836–1919). Die neogotische Taufe (Eisenguss um 1880, Lauchhammer) wurde aus der Kirche vor dem Umbau übernommen. Die Orgel (21 Register, ca. 1.200 Pfeifen) bauten 1901 die Hoforgelbauer Gebrüder Jehmlich. Das Geläut besteht aus drei Stahlguss-Glocken (1920er Jahre, Bochum).

Kirche/Ev.-Luth. Kirchgemeinde Weixdorf: Königsbrücker Straße 375, 01108 Dresden

Ev.-Luth. Kirche/ Pastor-Roller-Kirche

In dem seit 1914 zu Weixdorf gehörenden Dorf Lausa (1346 erstmals erwähnt, 1999 nach Dresden eingemeindet) steht eine uralte Saalkirche. Nach der Überlieferung soll ein erstes Gotteshaus 929 an der Stelle einer sorbischen Wasserburg errichtet worden sein. In der Kirche wirkte von 1811 bis 1850 der durch seine Predigten und seine Volksverbundenheit bekannte Pastor Samuel David Roller (1779–1850), den sein Konfirmand Wilhelm von Kügelgen (1802–1867) in den »Jugenderinnerungen eines alten Mannes« würdigte. Der heutige Putzbau entstand um 1640 mit der Sakristei, wurde 1729 (Anbau am Haupteingang), 1786 (Turmerneuerung mit jetziger Höhe von 34 Metern) und 1912 (ultramarinfarbige Ausgestaltung) umgebaut. Altar (Gemälde mit Abendmahlsdarstellung), Kanzel und Kanzelkorb stammen aus der Zeit um 1660, wurden Ende des 18. Jh. zu einem Kanzelaltar an der Ostseite umgebaut und 1912 erneut verändert. Das älteste Gemälde der Kirche (350 Plätze), ein Auferstehungsbild, schuf Jakob Depunder im Jahre 1572. Lesepult und Taufstein sind ein Geschenk des Prinzen Hermann von Schönburg-Waldenburg von 1940. Die 1855 gebaute Orgel von Friedrich Nikolaus Jahn wurde mehrfach umgebaut und besitzt heute 13 Register und 998 Pfeifen. Die drei Gussstahlglocken stammen von 1922.

Kirche: Kirchstraße 10
Ev.-Luth. Pfarramt Dresden-Wilschdorf:
Reineckeweg 5, 01109 Dresden

Ev.-Luth. Christophoruskirche

Wilschdorf gehört seit 1950 zu Dresden. Als Ranis maius (Großrähnitz) 1242 urkundlich erwähnt, beherbergt es eine der ältesten erhalten gebliebenen Kirchen der Stadt (Ersterwähnung 1243). Nach der Entdeckung eines Freskos wurde sie 1986 nach Christophorus, dem Schutzpatron der Wege, der Brücken und des Handels benannt (Kirchweih am 1. Sonntag im November). Der schlichte Putzbau mit steilem Satteldach und achtseitigem Dachreiter (ca. 25 Meter hoch) beherbergt die ältesten gotischen Fresken Dresdens (um 1425, ab 1971 freigelegt): ein großer heiliger Christophorus, daneben sechs Darstellungen aus der Passion Christi (vor Pilatus, Judaskuss, schlafende Jünger, Geißelung, Dornenkrönung, Kreuztragung), gegenüber ein Weihnachtsbild und ein Drache. Das Altargemälde (1570–1580) stammt wohl aus der Werkstatt von Hans Schroer. Die farbig gefasste polygonale Holz-Kanzel (Kanzelkorb mit Evangelisten) schuf 1680 H. Christoph Zormehlen. Der Kirchsaal (ca. 200 Plätze) wurde 1770 u.a. durch den Einbau von Emporen verändert. Das älteste Geläut Dresdens besteht aus drei Glocken, die 1250, 1400 und im 15. Jh. gegossen wurden. Der 1637 von Schweden ausgeraubte Opferstock ist seit 1967 wieder in Gebrauch. Die Wegscheider-Orgel (988 Pfeifen, zwei Stimmungsarten) entstand 1995 nach barockem Vorbild.

Weitere Gottesdienststätten/Gemeinden

Adventgemeinde Dresden-West:
Poststr. 13/Pohrsdorfer Weg 27a, 01169 Dresden

Adventgemeinde Dresden-Neustadt:
Katharinenstr. 21/Pohrsdorfer Weg 27a, 01169

Altkatholische Dreikönigskapelle:
Pillnitzer Landstraße 25, 01326 Dresden

Apostolische Gemeinde Dresden:
Bismarckstraße 30, 01257 Dresden

Die Christengemeinschaft Kapelle St. Michael:
Wachbergstraße 6, 01326 Dresden

Die Heilsarmee Dresden:
Schaufußstr. 22, 01277 Dresden

Evangelische Christengemeinde Elim:
Bischofswerdaer Str. 1, 01099 Dresden

Ev.-Freikirchliche Gemeinde Dresden – Baptisten:
Birkenhainer Str. 5, 01157 Dresden

Ev.-Luth. Kapelle Friedrichstädter Krankenhaus:
Friedrichstraße 41, 01067 Dresden

Ev.-Luth. Kirche Röhrsdorf:
Hauptstraße 13, 01809 Dohna
Seit 1932 mit der Schlosskirchgemeinde Dresden-Lockwitz verbunden.

Ev.-Mennonitische Freikirche:
Hechtstraße 78a, 01127 Dresden

Ev.-meth. Emmaus-Kirche:
Katharinenstr. 17, 01099 Dresden

Ev.-meth. Friedenskirche:
Neubühlauer Str. 3, 01324 Dresden

Ev.-meth. Immanuelkirche:
Hühndorfer Str. 22, 01157 Dresden

Flughafenseelsorge Dresden:
Wilhelmine-Reichard-Ring 1, 01109 Dresden

Freie evangelische Gemeinde Dresden/I. Pirling:
Großenhainer Str. 137, 01129 Dresden

Gemeinde »Adventhaus Dresden«:
Haydnstr. 16/Liliengasse 17, 01067 Dresden

Gemeindehaus der ev.-luth. Johannisgemeinde:
Fiedlerstraße 2, 01307 Dresden

Gemeindehaus der ev.-luth.Johannisgemeinde:
Haydnstraße 23, 01309 Dresden

Herrnhuter Brüdergemeine Dresden:
Oschatzer Str. 41, 01127 Dresden

Ökum. Seelsorgezentrum im Uniklinikum:
Fetscherstr. 74/Haus 50, 01307 Dresden

Kath. Kapelle Franz Xaver im Haus Hoheneichen:
Dresdner Str. 73, 01326 Dresden

Kath. Kapelle im Krankenhaus St. Joseph-Stift Dresden:
Wintergartenstraße 15/17, 01307 Dresden

Kath. Kapelle Mariä Heimsuchung im Provinzhaus der Schwestern der hl. Elisabeth:
Dinglingerstr., 01307 Dresden

Kath. Kapelle Maria, Mutter der Kranken im St. Marien-Krankenhaus Dresden:
Stendaler Straße 24/26, 01109 Dresden

Kath. Kapelle Maria am Berge:
Hochlandstraße 32, 01328 Dresden

Kath. Kapelle im Hans und Sophie-Scholl-Haus:
Wachwitzer Höhenweg 10, 01328 Dresden

Neuapostolische Gemeinde Dresden-Cossebaude:
Talstraße 10, 01462 Dresden

Neuapostolische Gemeinde Dresden-Lockwitz:
Tögelstraße 6, 01257 Dresden

Neuapostolische Gemeinde Dresden-Neustadt:
Böhmische Straße 37, 01099 Dresden

Kapellen ohne Liturgie

Kath. Kapelle St. Mariä Himmelfahrt Neues Schloss Wachwitz (Kotzschweg)

Ev.-Luth. Heinrich-Schütz-Kapelle (Residenzschloss)

Garnisonkirche St. Martin, ev.-luth. Teil (Stauffenbergallee 9)

Kath. Pfarrkirche St. Michael (Magdeburger Straße)

Kath. Kapelle Taschenbergpalais

Kath. Weinbergkapelle St. Marien Wachwitz (Wachwitzer Weinberg)

Verschwundene Kirchen

Der nach dem Kriege geborenen Generation sind sie weitgehend unbekannt geblieben. Doch alte Dresdner erinnern sich noch mit Wehmut an bekannte Gotteshäuser, die im Feuersturm des 13./14. Februar 1945 ausbrannten, abgebrochen und gesprengt bzw. aus politischen Gründen beseitigt wurden. Sie sollen hier Erwähnung finden.

Ev.-Luth. Andreaskirche

Von der Trinitatisgemeinde zweigte sich am 1. Oktober 1904 die Andreasgemeinde ab. Voran ging bereits der Bau einer Interimskirche, da die nur 1.160 Sitzplätze fassende Trinitatiskirche durch schnelles Wachstum der Johannstädter Bevölkerung zu klein geworden war. Zu diesem Zweck kaufte man dem Ehrlichschen Gestift gehörendes Bauland am Stephanienplatz. Im Sommer 1901 begannen die Arbeiten für die Notkirche mit 800 Sitzplätzen. Schon am 8. Juni 1902 fand der Weihegottesdienst statt. Harmonisch fügte sich das Kirchlein im barocken Stil zwischen Gärten ein. Das Innere mit geräumigem Altarplatz, Mittelschiff, Seitenschiffen und Emporen soll einen überaus anheimelnden Eindruck gemacht haben. Als Altargemälde diente eine von der Dresdner Malerin F. Feldtmann angefertigte Kopie des Schönherrschen Christus vom Friedrichstädter Krankenhaus. Nachdem sich im I. Weltkrieg alle Pläne für einen Neubau zerschlugen, fungierte die einstige Notlösung bis 1945 als Andreaskirche.

Ev.-Luth. Ehrlichsche Gestiftskirche

1743 gründete der Dresdner Kaufmann und Ratsherr Johann Georg Ehrlich eine Gottesdienst-, Schul-, Waisenhaus- und Armenstiftung, die neben einem großen Vermögen auch wertvolles Bauland besaß. Bei den Stiftsgebäuden befand sich das 1738 auf den Grundmauern der alten Lazarettkapelle als Ehrlichsche Gestiftskirche errichtete und 1897 abgebrochene Gotteshaus. Die zweite Ehrlichsche Gestiftskirche baute 1904 bis 1907 Karl Emil Scherz am Stübelplatz.

Ev.-Luth. Erlöserkirche

Am 9. Oktober 1878 wurde der Grundstein für die Striesener Erlöserkirche gelegt, die Gotthilf Ludwig Möckel (1837–1915) an der Wittenberger Straße (heutige Paul-Gerhardt-Straße) bis zur Weihe am 20. Juni 1880 schuf. Sie war im neugotischen Stil in Sandstein erbaut und hatte 800 Sitzplätze. Ihren Eingang zierten Statuen der vier Evangelisten. Der Altarplatz war mit fünf Gemälden (Geburt und Taufe Jesu, Stiftung des heiligen Abendmahles, Grablegung und Auferstehung Christi) geschmückt. Mit einem vom gleichen Architekten ausgeführten Pfarrhaus und dem später in der Nähe hergerichteten Wohnhaus für arme Gemeindeglieder erhielt die weit verzweigte Evangelisch-Lutherische Gemeinde böhmischer Exulanten einen würdigen Mittelpunkt. Nachdem die Striesener Gemeinde am 1. Advent 1880 durch Auspfarrung aus der Parochie der Kreuzkirche zur selbstständigen Parochie erhoben worden war, nutzte sie seit 1881 die Erlöserkirche mit.

Ev.-Luth. Jakobikirche

Die Jakobigemeinde entstand am 1. Oktober 1884 durch Auspfarrung der zu groß gewordenen Annengemeinde. Zuerst feierte sie in der alten Stiftskirche des Ehrlichschen Gestifts Gottesdienst, die man aber wegen Baufälligkeit Mitte 1897 abbrach. An gleicher Stelle errichtete (Grundsteinlegung 22. März 1898) der Berliner Architekt Jürgen Kröger (1856–1928) ein imposantes Gotteshaus im neoromanischen Stil, das am 1. Dezember 1901 geweiht wurde. Die farbige, 1.300 Plätze fassende und bis zur Kirchturmspitze (Turmpyramide aus einer Eisenkonstruktion) 78,5 Meter hohe Kirche mit massiven Ziegelgewölben wurde am Sockel aus Lausitzer Granit, weiter oben aus Sandstein ausgeführt. Die Dächer waren mit grün glasierten Biberschwänzen gedeckt. Die Orgel (55 Register, 3 Manuale) und der Orgelchor befand sich gegenüber dem Altar aus weißem Jurakalkstein (Altarbild »Der Zug zum Kreuze« von Fritz Philipp Schmidt und E. Paul Herrmann). Das aus massivem Eichenholz gefertigte Gestühl umschloss halbbogenförmig Altar, Kanzel und Lesepult. Den Haupteingang zierte eine Tür aus Bronzeguss (Motiv: Werdegang der Menschheit von Erschaffung bis zur Erlösung).

Ev.-Luth. Johanneskirche

Als Nachfolger zweier alter Johanneskirchen (erste 1575 aus Holz, zweite 1795 aus Sandstein errichtet), die auf dem ab 1858 säkularisierten Johannesfriedhof standen, legte man am 29. Juni 1874 den Grundstein für die neue Ev.-Luth. Johanneskirche. Zur gleichen Zeit begannen die Verhandlungen zur Teilung der großen Kreuzkirchgemeinde, aus der die Parochien der Frauenkirche und der Johanneskirche hervorgingen. Auf dem Bauplatz zwischen Pillnitzer Straße, Pestalozzi- und Eliasstraße errichtete Architekt Gotthilf Ludwig Möckel (1837–1915) bis zur Weihe am 24. April 1877 ein neugotisches Gotteshaus. Der Sandsteinbau bestach durch seine kreuzgekrönten Giebel und durch reichen ornamentalen Schmuck. Der hohe Turm auf kräftigen Pfeilern erreichte mit fünf Stockwerken die Höhe von 65,55 Meter. Die 47 Meter lange, 17,2 Meter hohe und mit Seitengängen 22,5 Meter breite Kirche mit rund 1.000 Sitzplätzen bestach im Inneren mit einer Fülle sinniger Ornamentierung, Bogenrippen und maßvoll eingesetzten bunten Farben. Die Eule-Orgel hatte 1.692 Pfeifen. Das Geläut aus drei Glocken stellte J. G. Große aus Dresden her. Zur Erinnerung an die Kirche wurde am 11. Februar 2000 vor dem St. Benno-Gymnasium der »Denkort Johanneskirche« eingeweiht.

Ev.-Luth. Sophienkirche

Wie kaum eine andere Kirche berührt der Verlust der Sophienkirche. Sie war die einzige bis 1945 erhaltene gotische Kirche Dresdens, prägte neben Residenzschloss und Zwinger mit ihren beiden schlanken Türmen die Silhouette der Stadt.

Bis zur Einführung der Reformation 1539 war die ehemalige evangelische Hof- und Sophienkirche die Klosterkirche der Franziskaner-Minoriten, deren Orden 1208 der heilige Franziskus von Assisi (1181/82–1226) ins Leben gerufen hatte. Das um 1240 gegründete Kloster, an das heute noch die Kleine Brüdergasse erinnert, nannte man auch Barfüßerkloster.

In der für Bettelorden typischen Architektur errichteten die Franziskaner eine 44 Meter lange Saalkirche aus Bruchsteinen. Bei Erweiterungsarbeiten der Jahre 1351 bis 1421 wurden Teile der alten Kirche in eine zweischiffige Hallenkirche mit zweifachem Chorpolygon integriert.

Vor allem als Grablege für bürgerliche Familien erlangte die Kirche Bedeutung. Schon um 1400 ließ die Ratsfamilie von Bürgermeister

Krypta der Sophienkirche.

Lorenz Busmann eine acht mal fünf Meter große Begräbniskapelle mit sechsteiligen Sterngewölben und einem dem Heiligen Grab nachempfundenen Altar an den Südchor anbauen. Der Profanierung des Klosters nach der Reformation setzte der kurfürstliche Hofprediger Dr. Polycarp Leyser (1552–1610) im Jahre 1602 ein Ende. Er weihte sie der himmlischen Weisheit (Sophia) – in Anlehnung an den Namen der Kurfürstin-Witwe Sophie (1568–1622), der Gemahlin des Kurfürsten Christian I. (1586–1591). Diese ließ der Kirche reiche Stiftungen angedeihen. 1603 finanzierte sie die Anlage einer Fürstengruft unter der Apsis, und 1606 stiftete sie den Hauptaltar aus farbigem sächsischen Marmor und Alabaster. Nach dem Entwurf von Giovanni Maria Nosseni (1544–1620) schuf der Dresdner Bildhauer Sebastian Walther (1576–1645) dieses Hauptwerk des Manierismus. In den Jahren 1720/21 baute Gottfried Silbermann in die Kirche seine erste Dresdner Orgel ein. Johann Sebastian Bach (1685–1750) spielte mehrfach auf ihr, und sein Sohn Wilhelm Friedemann Bach (1710–1784) war von 1733 bis 1746 hier Organist.

Im Jahre 1737 wurde der protestantische Hofgottesdienst in die Sophienkirche verlegt. Als Evangelische Hofkirche und Predigtstätte des Oberhofpredigers war sie fortan die Hauptkirche des lutherischen Sachsen. Am 24. Mai 1905 überreichte Sachsens letzter König Fried-

rich August III. (1865–1932) dem Oberhofprediger D. Dr. Oskar Ackermann (1836–1913) eine goldene Kette von 40 Karat mit Brustkreuz und eingearbeiteter »Lutherrose«. Sie ist bis heute Amtskette aller Bischöfe der Evangelisch-Lutherischen Landeskirche Sachsens.
In den Jahren 1736/37 errichteten Johann Christoph Knöffel (1686–1752) und Ratszimmermeister George Bähr an der Außenmauer in der Mitte der Südseite der Kirche einen Glockenturm. 1738 versetzte man das kostbare Portal der Schlosskapelle von Hofsteinmetz Hans Kramer († 1577) an die Westfront der Sophienkirche.
Eine neue Bauphase begann 1834, in der das Kircheninnere umgestaltet wurde. In den Jahren 1864 bis 1868 veränderte Christian Friedrich Arnold (1823–1890), ein Schüler Gottfried Sempers (1803–1879), auch die Außenhülle. Neben vielfältigen anderen Eingriffen in die Bausubstanz erhielt die neugotische Westfassade zwei seitliche Treppentürme mit filigran durchbrochenen Turmspitzen von je 66,22 Meter Höhe. Diese ersetzte man 1932 durch kupfergedeckte Helme. Umbauten im Inneren fanden nochmals 1910 statt. Unter anderem legte man unter Leitung des Stadtbaudirektors Hans Erlwein (1872–1914) eine neue zweiräumige Krypta für die Fürstensarkophage an.
Mit dem Ende der Monarchie 1918 bedurfte es keiner Kirche für einen evangelischen Hofstaat mehr. Die Stadt Dresden übereignete die Kirche deshalb der Evangelisch-Lutherischen Landeskirche. Als Domkirche St. Sophien wurde das Gotteshaus ab 1922 zur Bischofskirche und Wirkungsstätte des ersten sächsischen Landesbischofs D. Ludwig Heinrich Ihmels (1858–1933).
Nach der Bombennacht des 13./14. Februar 1945 gab es zwar Bergungs-, aber kaum Sicherungsmaßnahmen. 1950 überführte man die Zinnsärge aus der Fürstengruft in den Freiberger Dom. Trotz zahlreicher Proteste wurde die Ruine im Jahre 1963 zu Gunsten einer Großgaststätte beseitigt. Bestrebungen zum teilweisen Wiederaufbau der Busmannkapelle führten in den Jahren nach 1990 nicht zum Erfolg. Teile der Ausstattung erhielten sich in verschiedenen Kirchen, Museen und Depots. Die am 31. Januar 1998 gegründete »Gesellschaft zur

Förderung einer Gedenkstätte für die Sophienkirche Dresden e.V.« weihte 1999 eine als Pult gestaltete Gedenktafel »Sophienkirche in Memoriam« ein.

Kath. Kirche St. Franziskus Xaverius

Lange Zeit war für in Dresden-Neustadt lebende Katholiken die 1739 in die Neustädter Infanterie-Kaserne verlegte k.k. österreichische Gesandtschafts-Kapelle zum heiligen Franziskus Xaverius das einzige Gotteshaus. Am 24. September 1852 konnte zwischen Hauptstraße und Bautzner Platz der Grundstein für eine von Heinrich Herrmann Bothen (gest. nach 1862) entworfene Kirche gelegt werden. Die dem lombardischen Stil des 12. Jahrhunderts nachempfundene, einschiffige Kirche (50 Ellen lang, 18 Ellen breit, 32 Ellen hoch) verfügte über zwei je 78,5 Ellen hohe Türme. Auf der Spitze des Hauptportals stand eine Sandsteinplastik des Erlösers. Im Inneren dominierte reiche Malerei. Die Decken waren blau mit goldenen Sternen, die Hohlkehlen mit reichen Ornamenten und altchristlicher Symbolik geschmückt. Vierzehn Medaillon-Bilder im Giebel der Orgelseite entstanden unter Leitung von Prof. Julius Schnorr von Carolsfeld (1794–1872). Johann Gotthelf Große aus Dresden schuf das Geläut (22,5 Zentner; 11,5 Zentner, 7 Zentner). Am 30. November 1855 wurde die Kirche geweiht.

Ev.-Luth. Zionskirche

Als profanierte Ruine, die seit 1984 der Stadt Dresden gehört und von dieser als Lapidarium genutzt wird, haben sich Teile der 1945 ausgebrannten Zionskirche bis heute an der Ecke Nürnberger/Hohe Straße erhalten. Vom ersten Spatenstich am 27. Juli 1908 bis zur Weihe am 29. September 1912, von Rudolf Schilling (1859–1933) und Julius Graebner (1858–1917) erbaut, war die Zionskirche mit 1.050 Sitzplätzen die erste Kirche mit axialer Kanzelstellung. Bis zum Dach bildete Sandstein das Baumaterial. Der 50 Meter hohe, von einem Eisengerüst getragene Turm war mit reich ornamentiertem Kupfer gedeckt. Im Inneren fielen das mächtige weiße Marmorkreuz vor rotem Glasstein-mosaik und die Jugendstil-Bronzekanzel mit den Gestalten der vier Evangelisten von Selmar Werner (1864–1953), der auch eine Kreuzigungsgruppe an der Fassade schuf, sofort ins Auge. Die Jehmlich-Orgel verfügte über 3 Manuale und 56 Register.

o.l. Englische Kirche All Saints (Allerheiligen)
o.r. Amerikanische Kirche St. John (St. Johannes)
u. Reformierte Kirche

Weitere

Da Dresden als internationaler Kurort von vielen Fremden besucht wurde, entwickelten sich neben der russisch-orthodoxen weitere eigenständige Ausländer-Gemeinden, die nahe dem Hauptbahnhof Kirchen errichteten: 1869 die **Englische Kirche All Saints (Allerheiligen)** vom Londoner Architekten St. Aubyn an der Wiener Straße/Beuststraße (kleinere dreischiffige basilikale Anlage, Sandsteinbau), 1883 die von F. W. O. Dögel am ehemaligen Reichsplatz im neugotischen Stil entworfene **Amerikanische Kirche St. John (St. Johannes)** und 1884 eine **Schottisch-Presbyterianische** Kirche, die nur bis zum ersten Weltkrieg in Benutzung war. Weiterhin wurden die 1901 gebaute **Evangelische Anstaltskirche des städtischen Krankenhauses Johannstadt** an der Fürstenstraße (neoromanischer Bau, 31 Meter hoher Turm, 300 Plätze, Jehmlich-Orgel), die 1927 in Cotta errichtete **Immanuelkirche** der Evangelischen Gemeinschaft und das bis 1892 von Harald Julius von Bosse (1812–1894) geschaffene Gotteshaus der **Reformierten Kirche** an der Ringstraße (Satteldach mit Glockenstuhl über Westfassade, neoromanischer Backsteinbau) zerstört.

Quellen

Aurich, Klaus u. a.: Dresden-Leuben und Oyten 1956–1996. Chronik einer Beziehung von zwei Kirchgemeinden im geteilten und vereinten Deutschland. Oyten und Leuben 1996.

Badstübner-Gröger, Sibylle: Von Loschwitz nach Pillnitz – drei Kirchen am Elbhang. Deutscher Kunstverlag, München u. Berlin 1997.

Beltz, Walter: Dreihundert Jahre evangelisch-reformierte Gemeinde zu Dresden. In: Friede und Freiheit 2 (1988)–2 (1990).

Blanckmeister, Franz/Heinemann, Hans: Das evangelische Dresden. Franz Sturm & Co, Dresden 1926.

Busch, K. August: 50 Jahre Martin-Luther-Kirche. Kirchenvorstand der Martin-Luther-Kirchgemeinde, Dresden 1937.

Buschbeck, Dietrich/Bodenstein, Eckehard/Mosemann, Hans-Richard: 100 Jahre Heilig-Geist-Kirche zu Dresden-Blasewitz, Kirchenvorstand Heilig-Geist-Kirche Dresden-Blasewitz, Dresden 1993.

Das evangelische Dresden. Ein kirchlicher Führer durch Sachsens Hauptstadt. Franz Sturm & Co, Dresden o. J.

Dehio, Georg: Handbuch der deutschen Kunstdenkmäler. Sachsen (I), Regierungsbezirk Dresden. Deutscher Kunstverlag, Berlin 1996.

Dresdner Künstler Heft No. 1. , Julius Hoffmann Stuttgart 1906.

Droese, Th.: 25 Jahre Zionskirche. Liepsch & Reichardt, Dresden o. J.

Enzmann, Frieder: Emmaus-Kirche Dresden-Kaditz. Orgelweihe der neuen Jehmlich-Orgel. Kirchenvorstand Dresden, Dresden 1991.

Festschrift zum fünfzigjährigen Bestehen der Martin-Luther-Gemeinde zu Dresden-Neustadt. Kirchenvorstand Dresden, Dresden 1937.

Festschrift zum 200jährigen Jubiläum der Matthäuskirche in Dresden-Friedrichstadt. Kirchgemeinde Dresden-Friedrichstadt, Dresden 1930.

Festschrift zur Feier des 350jährigen Bestehens der Annengemeinde zu Dresden. Kirchgemeindeamt d. Annengemeinde, Dresden 1928.

Festschrift zur Feier des 50jährigen Kirchweihjubiläums der Erlöserkirche zu Dresden. Die Erlöserkirche zu Dresden 1880-1930. Pfarramt der Erlöserkirche, Dresden 1930.

Finger, Birgit: Der Chor der Auferstehungskirche Dresden-Plauen. Seine Geschichte als Beispiel für den Wandel im Umgang mit Baudenkmälern. Abschlußarbeit Villa Salzburg e.V., Dresden 1998.

Fischer, Dieter: Die Weinbergkirche »Zum Heiligen Geist« in Dresden-Pillnitz. Sandstein, Dresden 1996.

Flade, Paul: Die kirchliche Vergangenheit von Dresden-Neustadt insonderheit der St. Petri-Gemeinde aus Anlaß der zehnten Wiederkehr des Weihetages der St.-Petri-Kirche. Dresden 1900.

Flade, P. (Hrsg.): Neue Sächsische Kirchengalerie. Die Ephorie Dresden I. Arwed Strauch, Leipzig 1906.

Forwerk, Friedrich August: Geschichte und Beschreibung der königlichen Hof- und Pfarrkirche zu Dresden. F. C. Janssen, Dresden 1851.

Franeck, Heinjoachim (Hrsg.): Von Zeit zu Zeit. 100 Jahre Auferstehungskirche Dresden-Plauen. Rudi Kirst, Dresden 2002.

Geißendörfer: 25 Jahre Versöhnungsgemeinde. Kirchenvorstand Dresden, Dresden 1934.

Glatte, Reinhard: Die Kirche zu Dresden-Leubnitz-Neuostra. Kirchenvorstand der Kirchgemeinde Dresden-Leubnitz-Neuostra, Dresden 2004.

Göhler, Paul: Die Jakobikirche zu Dresden. Festschrift zur Einweihung der Jakobikirche zu Dresden. Richter, Dresden 1901.

Göpfert, Heiner: Evangelisches Gemeindezentrum Dresden-Prohlis. In: Kunst und Kirche 2/84, S. 125–126.

Gretzschel, Matthias: Kirchenraum und Ausstattung im 19. Jahrhundert. Peter Lang, Frankfurt am Main 1989.

Gurlitt, Cornelius: Beschreibende Darstellung der älteren Bau- und Kunstdenkmäler des Königreiches Sachsen. Stadt Dresden Teil 1. C. C. Meinhold & Söhne, Dresden 1900.

Hartmann, Hans-Günther: Schloß Pillnitz – Vergangenheit und Gegenwart. Verlag der Kunst, Dresden 1991.

Helas, Volker: Architektur in Dresden 1800–1900. Verlag der Kunst, Dresden 1991 (3. Auflage).

Helfricht, Jürgen: Die Dresdner Frauenkirche – Eine Chronik von 1000 bis heute. Husum, Husum 2004 (3. Auflage).

Helfricht, Jürgen: Die Synagoge zu Dresden. Tauchaer Verlag, Taucha 2001.

Helfricht, Jürgen: Die Wettiner – Sachsens Könige, Herzöge, Kurfürsten und Markgrafen. Sachsenbuch, Leipzig 2003 (2. Auflage).

Helfricht, Jürgen: Dresdner Kreuzchor und Kreuzkirche – Eine Chronik von 1206 bis heute. Husum, Husum 2004.

Hunecke, Markus: Die Sophienkirche im Wandel der Geschichte – Franziskanische Spuren in Dresden. Benno, Leipzig 1999.

Jädicke, Adolf: Die Kirche zu Plauen bei Dresden. Petzschke & Gretschel, Plauen-Dresden 1900.

Jakob, Kerstin: Die Langebrücker Kirche. Langebrück 2003 (unveröffentlicht).

Kaiser, Bernhard: Die Sophienkirche zu Dresden. Gesellschaft zur Förderung einer Gedenkstätte für die Sophienkirche Dresden e. V., o. J.

Kraut, O. H.: Handbuch der Kirchen-Statistik für den Freistaat Sachsen. 27. Ausgabe 1932.

Kühn, D.: Die Lukaskirche in Dresden. Justus Naumann (L. Ungelenk), Dresden 1904.

Löffler, Fritz: Das alte Dresden. Seemann, Leipzig 1999 (14. Auflage).

Lux, A. R./Prskawetz, Dieter: Blasewitz im historischen Elbbogen. B-Edition, Dresden 1994.

Mai, Hartmut/Magirius, Heinrich: Christuskirche Dresden-Strehlen. Schnell & Steiner, Regensburg 1995.

Mai, Hartmut: Kirchen in Dresden-Klotzsche. Schnell & Steiner, Regensburg 1996.

Martin-Luther-Kirche Dresden Neustadt 1887–1987. Kirchenvorstand der Martin-Luther-Kirchgemeinde, Dresden 1987.

Mittasch, Elke und Dr. Christian: Festschrift zum 100-jährigen Jubiläum der Himmelfahrtskirche zu Dresden-Leuben. Kirchenvorstand und Hille, Dresden 2001.

Molwitz, Rudolf: Die Schlosskirche zum Heiligen Geist in Pillnitz. Maschinenschriftlich Hosterwitz 1951.

Molwitz, R.: Kirche zum Heiligen Geist in Pillnitz. Kirche Maria am Wasser in Hosterwitz. Kunst und Kirche, Berlin 1938.

Münzner, Eberhard: Die Kirche zu Dresden-Loschwitz. Schnell & Steiner, Regensburg 1994.

Petzoldt, Klaus: Das Kirchenpatronat Hosterwitz-Pillnitz zwischen 1707 und 1725. Ein Beitrag zur Geschichte der Gräfin Cossell. Maschinenschriftlich Dresden o.J. (1972).

Russisch-Orthodoxe Kirche des Heiligen Simeon vom wunderbaren Berge zu Dresden. 125 Jahre. Freundeskreis Russisch-Orthodoxe Kirche zu Dresden e.V., Dresden 1999.

Schmidt, Gerhard: Dresden & seine Kirchen. – Evangelische Verlagsanstalt, Berlin 1976.

Sembdner, M. Andreas: Festschrift Heilig-Geist-Kirche Dresden-Blasewitz 1983. Maschinenschriftlich Dresden 1983.

Trautmann, Otto: Kaditz bei Dresden. Wilhelm Baensch, Dresden 1909.

Ullmann, Clemens: Katholische Hofkirche Dresden Kathedrale Ss. Trinitatis. Pellmann, Dresden o.J. (1994).

Westfeld, Bettina (Hrsg.): Festschrift zum 50-jährigen Kirchweihjubiläum der Nazarethkirche zu Dresden-Seidnitz. Kirchenvorstand und Hille, Dresden 2001.

Wicklein, Ursula: Dresden und seine Kirchen. Benno, Leipzig 1992.

Wöhlermann, A.: Was die Andreasgemeinde zu Dresden in 25 Jahren erlebt hat. 1904–1929. Ernst H. Meyer, Dresden 1929.

Zuckerriedel, Armin: Die neue Orgel in der Dreikönigskirche Dresden. Eule Orgelbau, Bautzen o.J.

Kirchen-Register

Personenregister

Fotos/Repros

Archiv Verlagsgruppe Husum: 33, 34

Archiv Ev.-Luth. Zionskirche: 125

Stephan Häßler: 63, 108

Ulrich Häßler: 13, 14, 15 (2), 16, 17 (2), 18 (3), 20, 21 (2), 22, 23, 68, 69 (2), 70 (2), 86, 87, 91, 92 (2)

Jürgen Helfricht: 4, 9, 10, 11, 35, 60, 64, 71, 75, 76, 77, 96, 97, 100, 101,106, 107, 112, 113, 117, 118, 119, 120, 121 (2), 122, 124, 126 (3)

Holm Röhner: 6, 12, 24, 25, 26 (2), 27, 28, 29, 30, 32, 36 (2), 37, 39, 40, 41, 42, 43, 44, 45, 46 (2), 47, 48, 49 (3), 50, 51, 52, 53, 54, 55, 56, 57, 58, 59, 61, 62, 65, 66, 67, 72, 73, 74, 78, 79, 80, 81 (3), 82, 83, 84, 85, 88, 89, 90, 93, 94, 95, 98, 99, 102, 103, 104, 105, 109, 110, 111